바람이 속삭이는
너의 이름을

음악칼럼니스트 **강민석** 산문집

바람이 속삭이는 너의 이름을

차례

제1부 여행자, 그의 이름은 음악

제2부 계절의 길목마다 꿈꾸고 흘러가다

냉랭하게 센티멘털하기, 봄

외로움은 나의 힘, 여름

바람이 속삭이는 너의 이름을, 가을

겨울 저녁에 떠나는 것이 좋겠다, 겨울

| 이 책을 권하며 1 |

정은아(방송인)

일주일에 한 번 『세상의 모든 음악』 스튜디오를 찾는 강민석 씨의 모습은 조금 기이한 데가 있습니다. 전체적으로 꼿꼿한데 어딘가 구부정하지요. 구김 있는 셔츠가 잘 어울리지만 늘 들고 다니는 사각의 가방처럼 빳빳한 구석이 있습니다. 길고 마른 체격이 까다로운 인상을 주는가 하면 방송 전 셔츠 끝으로 쓱쓱 닦는 안경은 언제나 부옇습니다. 그는 질문에 바로 대답하는 법이 없지요. 적확한 단어를 고르고 뜻을 제대로 짚어내는 데 시간이 좀 걸린다고나 할까요. 오래 마이크 앞에 앉아 본 사람 특유의 흐름과는 사뭇 다른 그의 호흡과 화법이 제게는 참으로 낯설었습니다. 그것은 그에게도 마찬가지였을 겁니다. 그런데도 30분 남짓 주어진 그의 코너 '세상 골목에서 음악을 듣다'는 조금씩 더 길어지고 있습니다.

새벽길에 혼자 하는 산책과 음악 없이 떠나는 여행에 대하여, 고독과 먼 곳에 부는 바람에 대해 이야기할 때 그 말을 그대로 글로 옮겨보면 어떨까 생각한 적이 있습니다. 이 책을 읽어 보니 과연 그의 글은 그대로 그의 말이더군요. 아니 오히려 더 말다웠다……라고 말한다면 이상할까요. 친근함과 온기가 더해진.

에디트 피아프의 뜨거운 삶으로 시작해서 숲 속에 침잠하는 중년이 된 소년의 이야기로 마무리되는 이 책을 단숨에 읽기는 쉽지 않았습니다. 글로 전하는 음악들이 순간 너무나 간절하여 당장 찾아듣고 싶은 맘을 누르기가 어려웠거든요. 생의 어두움과 절망 속에서 연약한 삶들이 마음에 품은 애처로운 희망을 만날 땐 기어이 뜨거운 차 한 잔 내려 마셨습니다.

그는 다 타고 남은 재 속에서도 무언가를 찾아 뒤적이고 있을 것 같습니다. 타오르던 열망이 가라앉고 식어 버린 뒤에도 적막함을 견디며 그 시간의 흔적을 기어이 찾아내어 그의 창 앞에 올려놓을 것 같습니다.

힘을 빼고 노래하는 것은 쉬운 일이 아니겠지요. 그의 말처럼 말입니다. 그러나 어쩔 수 없이 힘이 빠지는 순간에 우리에게 다가오는 것이 노래요 음악이지요. 이 책이 음악을 사랑하고 삶을 사랑하며 그러나 상처받고 쓸쓸할 수밖에 없는 사람들에게 한 끼의 식사가 되고 한 편의 시가 되며 위로가 되리라 생각합니다. 무엇보다 제게 그러하였듯 드넓은 음악의 바다를 항해해야 할 때 좋은 길잡이가 되어 줄 거라 믿습니다. 또한 그의 글 가운데 '냉랭하게 센티멘털하기'는 바로 그 자신에 대한 이야기임을 독자 여러분은 알게 될 것입니다.

| 이 책을 권하며 2 |

김봉석(대중문화평론가, 前 『브뤼트』 편집장)

영화를 비롯한 잡다한 분야의 글을 써서 먹고사는 입장에서 본다면, 가장 쓰기 어려운 것이 음악에 관한 글이다. 아예 음악에 대한 지식이 없기 때문은 아니다. 모 일간지 문화부에 있을 때 대중음악 담당이기도 했고, 다른 모 일간지에는 영화음악 칼럼을 쓰기도 했다. 어릴 때는 『월간팝송』을 끼고 살았고 아트 록과 재즈에 심취한 적도 있었다. 보통 사람들보다는 조금, 조금 더 아는 수준이다. 그러니 음악에 대해서도 못 쓸 건 없다. 화성이, 악곡이 하는 전문적인 내용을 떠들 것이 아니라면, 감상을 적고 역사를 훑고 하는 정도라면 못 쓸 것도 없다.

하지만 음악에 대해 글을 쓰기는 역시나 꺼려진다. 그냥 감상 정도라면 능히 할 수 있을 것이다. 이 음악의 정취가 어떻고, 어떤 감흥을 불러오고, 또는 음악의 사회적 의미나 트렌드에 대해서도 쓸 수는 있다. 요컨대 음악의 외적인 부분에 대해 건드리자면, 내가 가지고 있는 글쓰기의 테크닉으로도 얼마든지 가능하다는 것이다. 그걸 잘 알면서도 여전히 꺼려진다. 음악에 대해 글을 쓰는 것은, 뭔가 다른 영역인 것만 같다. 내가 가지고 있는 지식과 감상만으로는 설명하기 어려운 다른 무엇인가, 음악에게는 있다. 어쩌면 강민석의 말을 빌리자면 이런 것일 게다.

'음악은 사각의 프레임을 통해 들여다보지 않는 '청각'의 경험입니다.'

결국은 '사각의 프레임'으로 환원시켜 이해를 하겠지만, 청각은 말 그대로 흘러 들어오는 것이다. 영혼에게 형식이 있다면 음악과 가장 유사할 것이라는 말에, 나는 적극 동의한다. 희로애락을 넘어 경건함과 때로는 초월까지 직접적으로 가능하게 만드는 음악의 힘이란 게 거기에서 기인할 것이라고 짐작한다. 음악은 때로 영혼의 한가운데로, 아무런 거리낌 없이, 유유자적하게 흘러 들어온다. 그러니까 그냥 느끼는 것이다. 음악의 무엇과, 내 안의 무엇이 조응, 공명하는 것이다. 그래서 나는 음악을 듣는다. 음악에 관한 글쓰기는 여전히 꺼리면서.

강민석의 글은 익히 보아 왔지만, 가장 눈에 들어온 건 『브뤼트』를 만들면서 칼럼을 받았을 때였다. 『브뤼트』에서 칼럼을 받을 때는, 가급적 필자가 원하는 글을 자유롭게 쓰게 하는 것이 모토였다. 데스크의 입장이 되어, 차분하게 읽은 그의 글은 정갈하면서도 자유로웠다. 음악에 대해 쓰는 글이 가장 재미없게 읽히는 순간은, 자유롭지 않을 때다. 정보에 짓눌리거나, 얼토당토않은 이야기로 음악의 정취를 훼손하거나, 의도적인 거짓을 남발할 때.

음악이라는 형식은 그 어디에도 구애받지 않는다. 어느 민족 누구에게나 자신의 노래가 있다. 그들의 영혼이 토하는 대로, 그들의 노래는 만들어진다. 그들이 살아온 대로, 그들의 역사가 만들어진 대로. 전혀 살아 본 적도, 만나 본 적도 없는 이들의 노래에 우리가 무조건적으로 조응하는 건, 머리로 이해하지는 못해도 가슴으로 느끼기 때문이다. 그들의 역사를, 그들의 영혼을.

그의 글은, 그 자유로움을 따라가는 것만 같다. 은은하게, 차분하게 음악이 이끄는 대로 독자를 이끈다. 『바람이 속삭이는 너의 이름을』이라는 제목처럼, 우리가 느끼는 그들의 영혼을 통해 우리는 결국 나의 영혼을 들여다보게 된다. 강민석의 글은, 그런 진정한 치유의 음악을 만나게 하는 훌륭한 예언자다. 먼저 그 음악을 마음으로 들여다보고, 친절한 글로 우리를 음악으로 인도해 주는. 마침내 나를 만나게 하는.

『바람이 속삭이는 너의 이름을』은 에디트 피아프, 마이클 잭슨, 닉 드레이크, 데이비드 길모어, 존 로드 같은 친숙한 뮤지션부터 그리스의 미키스 테오도라키스, 브라질의 올리비아 이미, 독일의 피아니스트 베른바르트 코흐, 스페인의 수레다, 집시인 비센테 아미고, 한국의 피아니스트 신이경, 튀니지의 아누아르 브라헴 그리고 네이티브 아메리칸 플루트 연주자인 R. 카를로스 나카이와 인디언 음악인 『인디언의 길』 등 세상의 모든 음악을 선보인다.

이 책의 가장 큰 단점은, 책을 덮고 나면 아니 당장 글을 읽어 내려가는 그 순간 순간, 바로 그 음악이 듣고 싶어 견딜 수가 없다는 것이다. 아, 당장 이 음반들을 어떻게 구해야 할까. 나도 그게 걱정이다.

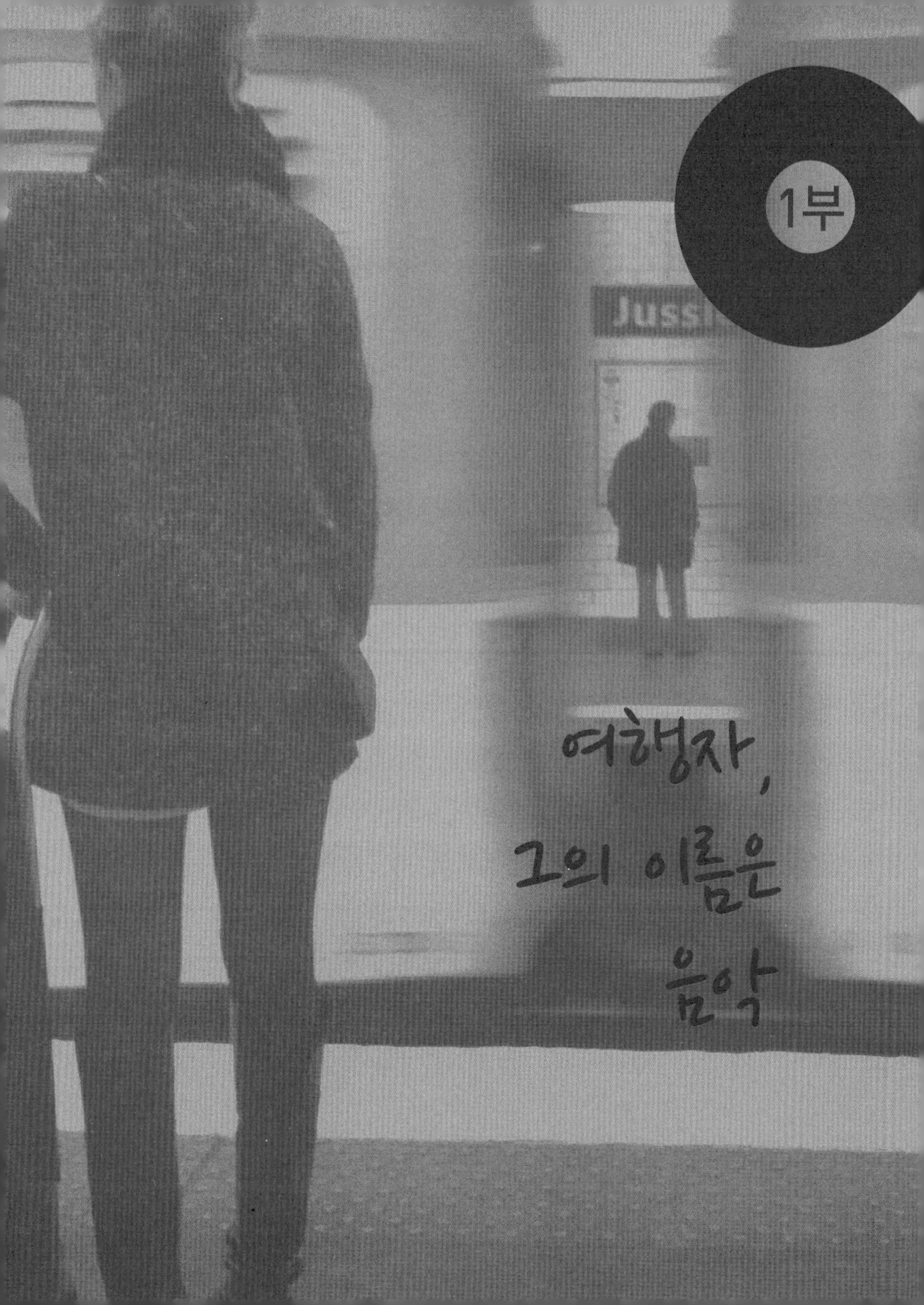

1부

여행자, 그의 이름은 음악

에디트 피아프, 노래하는 작은 새 혹은 사랑의 화신

에디트 피아프 Edith Piaf**의 『에디트 피아프의 샹송 100곡**Edith Piaf 100 Chansons**』**

1947년 워싱턴 홀에서 미국 데뷔 공연을 갖게 된 샹송의 신데렐라 에디트 피아프를 보려고 벅찬 가슴으로 일찌감치 와서 기다리던 청중들은, 무대 위에 뒤뚱거리며 올라서는 깡마르고 작은 여자의 모습을 보며 맥이 빠집니다. 저렇게 볼품없고 조그만 여자가 에디트 피아프라니. 하지만 노래가 시작되면서 실망은 놀라움으로 변해 갑니다. 140센티가 조금 넘는 작은 몸에서 터져 나오는 격정의 샹송에 청중들은 숨을 죽이며 조용한 전율에 푹 빠집니다. 공연이 끝난 뒤 사람들은 그 목소리를 가리켜 '영혼의 외침'이라고 일컬었습니다. 훗날 프랑스를 넘어 세계인이 기억하는 에디트 피아프라는 이름은 곧 샹송을 의미하게 되었다고 해도 과언이 아니지요.

떠돌이 거리의 소녀에서 세기의 목소리로

에디트 피아프(본명은 Edith Giovanna Gassion)는 1915년 12월 19일 파리의 베르빌에서 서커스 단원인 아버지와 무명의 주점 가수인 이탈리아계 어머니 사이에서 태어났습니다. 하지만 양육 능력이 없는 부모에게 일찌감치 버려진 그녀는 세 살부터 결막염을 앓아 잠시 시력을 잃기도 하고 탈모증을 앓는 등 불행한 유년기를 보내다, 열네 살에 서커스단에 있는 아버지를 다시 만나 길거리 가수로 나섭니다. 그마저도 이내 도망쳐서 홀로 거리에서 동냥으로 연명하다 열여섯 살에 배달부 청년과 사랑에 빠져 딸을 낳지만 아이는 뇌막염으로 죽었습니다. 태생부터 굴곡으로 점철되어 삶의 부조리함만 깨달아야 했던 어린 시절부터 그녀의 유일한 위안은 노래였지요. 그녀의 삶에 서서히 빛이 드리우기 시작한 것은 스무 살 되던 1935년.

'제미Gemy'라는 술집을 운영하던 루이 르플레Louis Leplee가 우연히 거리에서 노래하던 그녀의 재능을 알아보고 자기 가게에 데려와 무대에서 노래 실력을 발휘하게 합니다. 이때부터 그녀는 '작은 참새La Mome Piaf'라는 애칭으로 불리며 당대의 작곡가들인 레이몽 아소Ramond Asso나 모리스 슈발리에Maurice Chevalier 등을 만나 노래를 다듬고 예술가의 삶을 걷기 시작합니다. 1937년 「나의 병사님Mon Legionnaire」으로 첫 녹음을 할 때 가사를 써 준 이도 레이몽 아소였습니다. 상처로 얼룩지고 거칠어진 마음을 노래로 치유하고 당대의 예술가들을 만나면서 프랑스를 대표하는 국민 가수로까지 성장하는 인생 역전이 시작된 것입니다. 그 후 제2차 세계대전(1939년~1945년) 무렵에는 이미 피아프에 대한 소문이 프랑스를 넘어 주변 국가들, 그리고 미국에까지 뻗어나갔습니다.

그렇게 미국과 유럽에서 낭랑한 목소리와 작은 체구로 전후 지친 사람들의 마음을 촉촉하게 적셔 주며 최고의 가수로 사랑받는 동안 에디트 피아프 주변에는 수많은 당대의 인물들이 연인으로 혹은 친구로 다가와 그 이름에 걸맞은 로맨스를 만들었습니다.

사랑의 찬가Hymne A L'amour

이브 몽탕, 장 콕토, 조르주 무스타키, 샤를 아즈나부르, 자크 필스……. 에디트 피아프의 삶을 말하는 데 늘 빠지지 않는 연인이거나 친구인 '그녀의 남자들'은 대부분 그 시대의 분위기를 이끄는 음악가 아니면 시인들이었지요. 피아프 최고의 히트곡 「장밋빛 인생La Vie En Rose」(1947년) 역시 이브 몽탕과 달콤한 시간을 보낼 즈음 기쁨으로 충만한 감정을 담아 피아프가 직접 작사한 곡이지요. 그렇게 시를 쓰고 음악을 만든 남자들과 로맨스를 이어오며 흐르고 정박하기를 반복하던 피아프는 어쩔 수 없는 음악과 사랑의 노마드였을까요?

불과 50년의 길지 않은 피아프의 생애를 통틀어 가장 절실한 사랑의 주인공은 사교계의 선수들이 아닌, 바로 투박한 권투 선수 마르셀 세르당Marcel Cerdan이었습니다. 미들급 세계 챔피언으로 유럽에서 명성을 높이던 마르셀 세르당과 에디트 피아프는 1947년 미국 공연 때 만나 사랑에 빠졌지요. 그러나 둘 다 가수와 권투 선수로 바쁜 삶을 살아야 했기에 함께할 시간은 많지 않았고, 연인이 된 지 두 해가 지난 1949년 10월, 뉴욕에서 공연 중이던 피아프는 멀리 떨어져 있는 세르당에게 빨리 와 줄 것을 간청합니다. 연인의 부름을 받은 마르셀 세르당은 지체하지 않고 비행기를 타고 뉴욕으로 향하다 대서양 중부 아조레스 제도의 로돈타 산봉우리에 추락하고 맙니다.

생애 가장 큰 의미를 지닌 사랑을 한순간 잃어버린 피아프의 충격과 상실감은 예정된 공연을 모두 연기시키고 슬픔에 잠긴 채 두문불

출하게 만들지요. 오열하던 피아프는 그러나 결국 자신을 찾아오다 죽은 연인을 위해 노래하기로 마음먹습니다. 그를 향한 못 다한 사랑과 슬픔을 담은 노래 「사랑의 찬가Hymne A L'amour」는 그렇게 마르셀 세르당이 죽은 이듬해 피아프 자신이 쓴 가사에 여류 작곡가 마그리트 모노가 곡을 붙여 발표되어 세기의 로망으로 기억됩니다.

> 하늘이 무너져 버려도, 땅이 꺼져 버린다 해도
> 그대만 나를 사랑한다면 아무래도 괜찮아요.
> 당신이 원하신다면 조국도, 친구도 버리겠어요.
> 사람들이 비웃는다 해도 당신이 원하신다면 난 무엇이든 해내겠어요…….

'난 아무것도 후회하지 않아'

전 세계 여러 나라 교과서에 실릴 정도로 「사랑의 찬가」의 인기가 드높았음에도 불구하고 피아프의 상실감은 줄지 않아 결국 술과 마약을 도피처로 삼는 데까지 이르렀습니다. 50년대 이후 피아프의 건강은 급속도로 나빠졌습니다. 하지만 그 와중에도 가수이자 작곡가인 자크 필스Jacques Pills와 결혼하며(1952년) 노래에 대한 열망을 불태웠습니다. 「내 안에 있는 너Je T'ai Dans La Peau」「하룻밤의 연인Les Amants D' un Jour」과 「오토바이를 탄 남자L'Homme A La Moto」를 녹음했습니다. 미국에서 장기 투어 공연을 하면서 워싱턴, 뉴욕의 카네기 홀 등에서도 노래를 했고, 이에 만족치 않고 『내일의 연인들Les Amants De Demain』 『파리의 노래Paris Chante Toujours』 『아름다운 백합La Petit Lili』 등의 영화에도 출연합니다.

피아프의 건강이 악화되어 갈수록 음악, 그리고 그 노래에 열광해 주는 청중들과 만나지 않고서는 하루도 버틸 수 없었던 것일까요? 1959년 작곡가 조르주 무스타키Georges Moustaki가 만들어 준 「마차의 신사Milord」가 영국, 이탈리아, 독일, 네덜란드 등지에서도 좋은 반응을 얻어 투어는 더 늘어납니다. 또 그 이듬해에는 친구이자 작곡가였던 샤를 드몽Charles Dumont의 곡 「난 후회하지 않아요Non, Je Ne Regrette Rien」로 큰 성공을 거두며 샹송의 거목이라는 명성을 확인했습니다. 이 곡은 영화 『파니 핑크Keiner Liebt Mich』에 삽입되어 30여 년 뒤에도 다시 사랑받았습니다.

고단한 삶을 정리하고 세상을 떠나기 한 해 전인 1962년, 그 화려한 사랑의 편력과 아픔에 마지막 동반자가 되어 준 이는 스무 살 연하의 그리스 청년 테오 사라포Theo Sarapo였습니다. 그와 결혼한 후 발표한 곡 「사랑이 무슨 소용인가A Quoi Ca Sert L'Amour」는 활력 넘치는 마지막 동반자에게 주는 선물이면서도 지친 마음과 망가질 대로 망가진 육체에 남은 회한과 상념의 토로일 것입니다.

자기혐오 그리고 사랑에 대한 찬미

"나는 그레타 가르보가 아니야. 그걸 알아. 너희가 그걸 이야기하지 않는다고 해도 나는 알아."

자신의 몸, 아름다움을 찾기에는 너무 보잘것없는 몸을 혐오에 가까울 정도로 좋아하지 않았던 피아프는 늘 그렇게 친구들과 연인들에게 소리 지르곤 했습니다. 늘 짧은 연애가 반복된 것도 자신에 대한 열등감으로 꽉 차서 스스로를 상처내는 데 익숙한 여인에게 당연한 일인지도 모릅니다.

"나는 너무 작아서 누구도 내게 매혹되지 않지!"

너무 작고 너무 추한 안짱다리를 가졌다며 자학하던 피아프의 자기혐오와 강박증은 그 곁에서 누구도 지긋하게 오래 머물지 못하게 했을지도 모릅니다.

아, 불쌍한 사람. 하지만 그녀의 그런 유약함에도 불구하고 아주 당찬 이름으로 기억되는 까닭은 누구도 흉내 내지 못할 만큼 당당하고 풍부한 가창력, 그리고 연약한 육체 안에 감춘 삶에 대한 애착 때문이지요. 노래하는 작은 새, 에디트 피아프의 삶에서 우리는 흔히 상처와 불행을 떠올리곤 하지만, 그 켜켜이 쌓인 그늘이 없었다면 사랑에 관해 삶에 관해 세상을 향해 외치고 보듬는 그 절창은 탄생하지 못했을 겁니다.

말년에 교통사고로 갈비뼈가 부러진 채로 진통제를 투여하면서도 무대 위에서 「죽음의 둘레에서Tour De Suici」를 노래하던 모습이 떠오릅니다. 그 무대에서 쓰러졌을 때 사람들의 손길을 뿌리치고 피아노 다리를 붙잡고 노래를 끝내던 모습도 떠올려 봅니다. 노래에 귀 기울이는 청중의 마음을 전율시키며 감동으로 사로잡는 순간에 모든 걸 바치는 그녀의 특별함을 알 수 있지요.

검은 옷을 입은 연약한 몸집, 파리한 얼굴, 하지만 진심을 다해 삶의 고통과 애착과 사랑을 담는 에디트 피아프의 노래를 모두 집대성한 이 앨범의 가치는 새삼 강조할 필요가 없을 것입니다. 사랑이 대관절 당신에게 무엇이냐는 질문에 그녀는 삶을 마감하기 얼마 전 이렇게 대답했습니다.

"사랑은 경이롭고 신비하고 비극적인 것. 사랑은 노래하게 만드는 힘. 내게 노래 없는 사랑은 존재할 수 없고, 사랑 없는 노래 역시 존재하지 않아요."

일몰의 정원에서 세월을 노래하는 아름다운 이

프랑수와즈 아르디 Françoise Hardy**의 『삽화**Parenthèses**』(2006년)**

고단한 사랑과 인생에게 보내는 조용한 위안

장년기에 들어선 대중가수가 앨범 한 장을 발표하는 일은 젊은 시절의 그것과는 비교가 되지 않을 만큼 어려우면서도 의미 깊은 일입니다. 세월이 흐르고 육체가 시들지언정 음악에 대한 사랑과 영감은 마치 깊은 물이 고요히 흐르듯 멈추지 않는 법. 과거의 화려한 스타덤이 주는 무게나 제약 따위와는 상관없다는 듯 2004년에 저 수려한 환상과 상상의 언어들로 찬 앨범 『아름다운 것들Tant De Belles Choses』를 발표한 프랑수와즈 아르디는 음악으로 표현하고자 하는 언어와 에너지가 갈수록 풍부해지는 모양입니다.

하기야 나이 들어갈수록 더 세련된 풍모와 풍부한 미의 유산을 생산해 내는 예술가들이 어느 시대에나 있었지요. 우리 시대에 프랑수와즈 아르디의 이름을 그 행복한 반열에 올려 두는 데 이의를 달 사람은 없을 겁니다. 60년대부터 지금까지 그는 변함없이 유럽 유행음악의 모드를 조용히 이끌어 온 기수이자 내성적이며 섬세한 자유주의자들의 로망이니까요.

제니스 이언Janis Ian의 「별Star」을 프랑스어로 조금은 슬프지만 꿈꾸듯 읊조리는 목소리로 노래할 때 그의 아우라는 마치 어두운 겨울 통나무집 한편에 켜 둔 기름 램프 같았습니다. 조용히 흔들리며 작은 공간을 밝혀 주는 오래된 기름 램프. 이 세상이 준 고단한 사랑과 인생의 시험과 고통이 무거울 때, 그래서 마음속이 마른 사막처럼 갈라지려 할 때 이 노래를 들으면 그 작은 등불처럼 서서히 온기가 피어오르고 이내 조용한 위안을 스스로 찾을 수 있었습니다.

프렌치 팝 가수 프랑수와즈 아르디가 한밤의 별빛과 저녁 무렵의 노을처럼 왔다가 또 떠나는 인생의 순환에 대해 담담히 노래하는 동안 그의 나이는 소르본느 대학교에서 독문학을 공부하던 새싹 같던 소녀에서 바람처럼 소리 없이 이순을 지났습니다. 음악을 듣는 우리도 함께 그의 노래에 담긴 낭만어린 찬사와 위로의 공명을 체험하는 동안 스스로 위안과 힘을 얻을 줄 아는 사람으로 성숙해 온 것이지요.

너무 가까이 갈 수도, 반대로 멀리 달아날 필요도 없는 거리에서 프랑수와즈 아르디는 언제나 꾸준하고 조용하게 지난 40여 년 동안 모던하게 사랑과 일상과 인생에 대해 노래해 왔습니다. 쓸쓸함과 우아함이, 차가움과 따뜻함이 절반씩 섞인 용량으로. 그리고 만으로 예순여섯 살이 되던 해 겨울, 노장의 진화가 주는 선물의 다른 이름임에 틀림없는 새 앨범 『삽화Parenthèses』(2006년)를 또 들려줍니다.

어찌 보면 주연보다 더 빛나는 조연들

열두 사람의 손님과 각기 둘만의 대화를 갖는 이 앨범은 그 어느 때보다 아르디의 인간적인 면모를 느낄 수 있으면서, 동시에 그 강렬한 매치 업만으로도 아르디가 추구하는 까다로운 지점을 느낄 수 있습니다. 일찍이 이기 팝이나, 남편이자 동반자인 자크 뒤트롱Jacques Dutronc과의 듀오를 통해 솔로와는 다른 미학을 보여 주었는데, 이 열두 개의 듀오 트랙은 음식으로 치면 풀코스 정찬에 해당합니다. 상대역이 가진 캐릭터가 강렬한 탓에 곡에 따라서는 더러 아르디의 개성이 잘 안 보일 수도 있습니다. 유명세보다는 독특한 개성과 음악성이 있는 걸출한 인물들이 『삽화Parenthèses』에 참여한 결과물인 것이지요.

2000년 앨범 『밝음—어두움Clair-Obscur』에서도 「당신이 여행 떠나야 하니까Puisque Vous Partez En Voyage」를 녹음하여 성공적인 듀오 편성을 확인한 바 있는 남편 자크 뒤트롱을 비롯, 알랭 들롱Alain Delon, 알랭 바숑Alain Bashung, 훌리오 이글레시아스Julio Iglesias, 알랭 수숑Alain Souchon, 앙리 살바도르Henri Salvador, 아르튀르 아쉬Arthur H, 머랭Maurane, 엘렌 그리모Hélène Grimaud 등 동시대 걸출한 멋쟁이들이 아르디의 상대역으로 멋지고 정겨운 조화를 이루어 냅니다.

특히 내성적이고 독특한 침잠의 세계를 추구하는 벤 크리스토퍼스의 대표적인 곡 「내 아름다운 악마My Beautiful Demon」를 듀오로 부른 트랙은 특별하고 이질적인 공명을 느낄 수 있는데, 이는 굳이 아르디에게 맞는 옷을 고집하기보다 원곡의 정서와 영어 가사를 그대로 살린 결과겠지요.

세르주 갱스부르의 후계자로 불리며 걸쭉한 허스키 보이스로 펑크와 재즈가 섞인 독자적인 음악 세계를 추구해 온 아르튀르 아쉬Arthur H와의 듀오 「앙금Les Sediments」 역시 데카당스하고 중독성 있는 곡으로, 마음속 어둠의 흔적을 리듬감을 살리며 멋지게 읊조리는 이 앨범 최고의 추천곡입니다.

해 지는 정원에서 노래하는 사랑과 인생

젊은 시절 아르디는 50년대 미국의 록큰롤에 영향 받은 '예예' 족의 선두주자라는 애칭에서 연상되는, 아주 예쁜 외모를 가진 편은 아니었지만 큰 눈과 귀여운 모습의 소녀로 각인되기도 했습니다. 명문 대학에서 독문학을 공부하고 네 개 국어를 자유롭게 구사하던 학구적인 면모가 초기의 가벼운 소녀풍의 이미지에 묻혀 버린 감이 있지요.

조금은 고집스러운 인상의 프랑스 소녀가 청춘과 인생의 희로애락을 거쳐, 은빛 눈이 머리를 덮은 인생의 후반기에 숙성한 자의 아름다움을 보여 줍니다. 그가 해 지는 정원에서 노래하는 사랑과 인생과 세월을 함께 반추하는 동안 저녁노을은 또 지평선 너머에 안식할 테지요.

인생의 아이러니, 머물다 떠나는 자화상

케렌 앤Keren Ann의 『케렌 앤Keren Ann』(2007년)

국적이나 지역으로 집약되는 경계에 대한 강박에서 자유롭다면, 케렌 앤이 이스라엘에서 태어났으나 독일계와 인도네시아계의 혼혈이며 프랑스 파리에서 살았고, 뉴요커로 살아가고 있다는 등의 이력과 흔적은 그다지 중요하지 않을 겁니다. 인종과 지역의 경계가 옥죄이는 생각과 감성의 틀이 답답해서 늘 자유를 원하는 우리는, 그녀의 노래가 아름답고도 허무한 까닭과 부재不在가 선물하는 상실감과 위무를 찾으며 거쳐 온 그녀의 인생행로를 그 이력 안에서 가볍게 상상해 볼 뿐.

2003년부터 국내에 모던하고도 복고적인 프렌치 팝 그리고 묵상적이며 몽환적인 포크의 조용한 파장으로 자리 매김을 시작한 케렌 앤(본명은 Keren Ann Zeidel). 무상한 기다림에 살짝 좌절한 듯, 혹은 깊은 병을 앓고 난 후의 안도 같기도 한 나직한 목소리로 읊조리는 노래가 기타 한 대와 피아노 한 대에 실려 종이배처럼, 실바람처럼 흐릅니다. 때로는 쓸쓸하고 때로는 따뜻한 그것은 지나온 시간의 흔적을 반추하는 독백이거나 삶과 청춘의 칼날에 베이곤 하는 연약한 존재들의 투정에 대한 위무일까요. 아무튼 사람들은 그녀의 담담한 읊조림 속에 담긴 이야기에 귀를 기울이면서 방황하는 내면과 만나고 화해하기도 합니다.

음악 스타일과 장르는 다르지만 동서양 혼혈이라는 태생과 싱어송 라이터로서 독창적인 음악 세계를 자유롭게 구가한다는 공통점을 지닌 저 노라 존스의 스타덤에 견주었을 때, 상대적으로 비주류적인 케렌 앤의 캐릭터는 그 특유의 묵상적인 아우라 안에 동서양을 포괄한 듯 영묘한 파장을 담담하게 안고 있습니다.

자신만의 감성과 기질을 사랑하되 그것에 속박되지 않고 자유롭게 떠도는 정신과 영감들, 일상의 체험이 담긴 이야기들은 타인이 공명하기 힘든 특이한 것이 아니지요. 귀와 마음으로 공감할 수 있되 케렌 앤이 아니면 피력할 수 없는 농도가 있습니다. 떠나고 돌아오고 하는 인생의 아이러니를 통해 배워 가는 기억과 흔적의 가치들.

파리지안에서 뉴요커로

케렌 앤은 2000년 1집 『루카 필립상의 바이오그래피La Biographie De Luka Philipsen』와 2002년 2집 『소멸La Disparition』 이렇게 프랑스어로 부른 두 앨범으로, 세르주 갱스부르와 프랑수와즈 아르디로 표상되는 프렌치 팝의 전통을 잇는 동시에 모던 포크의 대안으로 자리 매김합니다. 그러다 「아무 데도 가지 않아요Not Going Anywhere」 한 곡으로 2003년 낭만적 우울증과 폐쇄적 연민에 시달리는 도시의 보헤미안을 사로잡은 앨범 『아무 데도 가지 않아요Not Going Anywhere』에서부터 영어와 프랑스어를 반반씩 할애하며 전 세계로 자신의 무대를 넓히기 시작했습니다.

자신의 경험과 영감을 지배하며 모든 곡을 스스로 만들고 이미지를 조율하는 프로듀서로서 케렌 앤은 언어와 음악 스타일의 변화를 통해 좌표를 확장합니다. 앨범 『놀리타Nolita』(2004년)는 2002년의 앨범 『소멸La Disparition』과 동일선상의 테마로 돌아갔지요. 자유주의자답게 늘 떠남과 돌아옴을 반복하는 동안 그림자처럼 따라다니는 '부재'

'갈망' '동경'이라는 화두가 영혼을 둘러싸면 그는 어쩔 수 없이 또 다른 인물, 또 다른 이야기가 되어 자신을 고통스럽게 하지만, 여전히 미스터리 속에 머무는 그것들에 관해 읊조리곤 합니다.

뉴욕의 이탈리아인 거주지 북쪽을 뜻하는 '놀리타Nolita'를 제목으로 선택한 은유법에서 알 수 있듯 불안정한 뉴요커, 내일 어디로 떠날지 모르는 이방인의 이야기를 풀어 낸 것이 앨범 『놀리타Nolita』입니다.

셀프 타이틀 앨범 『케렌 앤Keren Ann』(2007년)에서 그녀는 환영처럼 바람처럼 떠도는 표상의 방황으로부터 오롯이 그 자신의 투명한 모습, 솔직한 모습에 집중하는 듯합니다. 어디론가 사라져 가도 결국 그 어디에도 가지 않는, 자신의 얼굴과 이름과 영혼에 말입니다. 그리고 뉴요커인 현재 모습을 상징하듯 모든 곡을 영어로 노래합니다. 아울러 그 음악은 뉴욕의 혁신적인 사운드와 점점 닮아 갑니다.

단출하지만 꽉찬 사운드, 아홉 개의 이야기

2004년 앨범 『놀리타Nolita』에서 뉴요커와 파리지안의 부황한 여정을 마치 물색 가득한 그림처럼 노래한 케렌 앤이 삼 년 만에 선보이는 셀프 타이틀 앨범은 단출합니다. 무엇을 더하고 무엇을 생략했을까. 이번 앨범을 직접 프로듀싱한 케렌 앤에게 수록곡 아홉 개 모두

의미심장한 도전과 실험이었겠지요. 자신의 홈 스튜디오는 물론 뉴욕, 파리, 이스라엘 등지의 스튜디오로 옮겨 다니며 레코딩한 곡들은 다분히 프로그레시브 포크 록의 향미를 띱니다.

간결하면서도 완성미 있는 음악 풍경을 정돈한 이 앨범은 절제된 어쿠스틱 기타와 간결하되 디스토션을 살린 일렉트릭 기타, 컴퓨터 프로그래밍, 그리고 트럼펫과 플루트, 복고적인 해먼드 오르간, 아이슬란드 여성 코러스 등이 짜 놓은 음율 위에서 예의 담담한 케렌 앤의 목소리가 조용하고 진중하게 인간적인 면모를 투사합니다. 마치 감광지를 통과하는 빛 그리고 그 저편의 그림자처럼 존재하는 인생의 아이러니가 케렌 앤의 곡 아홉 개에 함축되어 있지요.

이미 케렌 앤 음악에 익숙해진 이라고 해도, 앨범의 문을 여는 「모두 거짓말It's All A Lie」이 만드는 깊은 심연에서 길어 올린 듯 의미심장하고 무거운 기운에 조용하게 압도될 것입니다.

특유의 몽롱함이 지배하는 흐름 속에서도 경쾌한 리듬으로 노곤한 몸과 마음을 자극하는 곡 「당신의 머리를 기대요Lay Your Head Down」는 넓게 열린 공간감과 함께 하모니카, 폴카풍 박수, 레가토와 피치카토 주법의 현에 반복되는 기타 리프가 융합된 흥미로운 곡으로 행복인지 지독한 고독인지 모를 묘한 뉘앙스를 풍깁니다. 늘 곁에 있는 이와 함께 나누는 시간의 행복과 공허를 역으로 뒤집은 듯한 이 곡은 마치 빛을 비추는 각도에 따라 다른 무늬를 보여 주는 홀로그램 같기도 합니다.

「당신의 등 뒤에서In Your Back」는 우리가 알고 있는 케렌 앤의 본연의 색깔에 가장 가까운 곡입니다. 마치 캔버스 위에서 흘러내리는 물감처럼 끈끈하고 조금 느린 미디엄 템포의 기타 스트로크와 베이스, 영묘하고 낮게 퍼지는 오르간 혹은 미디 사운드와 현 그리고 내성적이고 고요하지만 깊은 지점을 향해 꾹꾹 눌러 담은 목소리.

가장 아름다운 곡이면서 가장 실험적인 트랙이기도 한 「자유Liberty」는 유리같이 투명한 아이슬란드 여성 코러스와 물방울 같은 피아노가 반복되며 섞여 흡사 영화 『에드워드 가위손』이나 한 편의 환상적인 북유럽풍 애니메이션이 떠오릅니다. 몽환적인 풍경에 뿌연 트럼펫 소리가 긴 여운을 남기는 곡으로 케렌 앤의 음악 풍경과 상징적 표현주의가 진보하는 증거라고 할 수 있습니다.

세계 곳곳의 도시, 자신의 음악적 영감과 주파수가 맞는 곳을 찾아 떠나곤 하는 케렌 앤에게 유럽과 중동이 만나는 지점 카스피 해는 어떤 의미일까요. 마치 유라시안 기차나 덜컹이는 낡은 자동차가 달리는 듯한 비트의 「평지와 카스피 해 사이Between The Flatland And The Caspian

Sea」에서 퍼져 나오는 혼돈과 질서는 또 다른 떠남과 부재 이후를 기약하는 신호일지도 모르겠습니다.

세상의 여린 것들을 다독이는 무공해 어쿠스틱 포크

캐서린 윌리엄스 Kathryn Williams **& 닐 맥콜**Neil MacColl**의 『둘**Two**』(2009년)**

수잔 베가의 내한 기자 회견에서 어느 기자가 "(이 일렉트로닉과 힙합이 지배하는 시대에) 포크에 미래가 있다고 생각하느냐?"라고 시니컬하게 물었습니다. 수잔 베가는 "기타와 기타를 칠 손가락이 있는 한 포크는 영원할 것"이라고 대답했지요. 두루뭉술해 보이지만 현명한 대꾸였습니다.

오늘날의 포크 뮤직을 1960~1970년대의 그것과 구분하기 위해, 그리고 새로운 세대의 취향을 위해 몇 가지 파생어가 생겼습니다. 네오 포크, 포크 리바이벌, 체임버 팝, 어쿠스틱 팝. 어쨌든 어쿠스틱 기타의 생산과 소비는 끝나지 않고 기타를 칠 손가락도 퇴화될 것 같지 않으니, 미래의 당분간도 포크 뮤직은 모든 팝 음악의 기본이라는 지위를 잃지 않을 것입니다.

이런 인식 위에서 2000년대가 낳은 포크 뮤직 아이콘 가운데 가장 비주류이면서 60년대의 클래식 포크에 다가간 리버풀 출신의 영국 뮤지션 캐서린 윌리엄스Kathryn Williams의 새 앨범은 수백 번을 들어도 질리지 않는 물기와 온기를 가지고 있는 명반입니다. 곱지만 그 고움은 예쁘게 꾸미고 다듬은 데서가 아니라 자연 그대로의 투박함과 솔직함에서 나옵니다. 때로 그녀의 노래는 상처와 어둠을 노래하기도 합니다. 그리고 자연이 속삭이는 목소리를 대신 전해 줍니다.

캐서린 윌리엄스와 닐 맥콜의 공동 작업

힘을 빼고 노래하는 것은 말처럼 쉽지 않습니다. 힘을 빼지만 리듬과 음정, 표현을 정확하게 하는 것이지 대충 부르는 게 아니니까. 세상에서 가장 힘을 빼고 부르는데 완벽하게 가슴에 와 닿는 노래, 캐서린 윌리엄스가 그 표본입니다. 저명한 포크 명가의 일원인 닐 맥콜Neil MacColl과의 듀오에서도 기교를 배제한 듯한 묘한 속삭임의 창법은 빛이 납니다. 아니 솔바람이 불어옵니다. 여기에 꼭 필요한 데서만 정확한 3도 화음을 넣어 주는 닐 맥콜의 수수한 보이스 또한 튀지 않고 곡의 전개를 완결하는 매듭을 정확하게 묶어 줍니다.

두 사람이 보여 주는 것은 보이스와 하모니만은 아닙니다. 각자의 어쿠스틱 기타가 씨줄과 날줄처럼 넘나들며 스틸 기타 줄 열두 개가 만들 수 있는 가장 부드럽고도 풍성한 공간을 지어 냅니다. 기타뿐 아니라 멜로트론, 하몬드 오르간, 오토하프, 덜시머 등을 번갈아 가며 연주함으로써 전방위 싱어 송 라이터 2인조의 능력을 최대치로 끌어올리고 있습니다. 무엇보다 두 사람이 함께 만든 곡 모두 멋과 풍류와 재치가 가득합니다.

두 사람이 듀오를 이루게 된 계기는 포크 브리타니아 시리즈의 하나였던 2006년 '앨비언의 딸들Daughters Of Albion 콘서트'에서 과거 닐의 아버지 이완 맥콜Ewan MacColl이 만든 명곡 「당신 얼굴을 본 처음 그 순간The First Time Ever I Saw Your Face」을 함께 부르게 되면서였습니다. "안녕?"이라고 첫 인사를 나누자마자 두 사람은 "그래, 우리 같이 앨범을 만들어 보자" 라며 의기투합했답니다.

두 사람은 엿새 동안 무려 스물한 곡을 레코딩했고, 그중 열세 곡을 추린 것이 이 앨범 『Two』로 탄생하였습니다. 물론 둘만으로 시작된 레코딩에 중요한 원군이 합세했습니다. 베테랑 엔지니어이자 프로듀서 필 브라운Phil Brown(롤링 스톤스, 존 마틴, 록시 뮤직, 브라이언 이노를 거친)이 믹싱을 맡아 근년 들어 가장 놀랄 만큼 아름다운 앨범의 하나를 완성하는 데 일조했습니다. 곡을 쓰고 레코딩과 덧입히기, 디지털화 작업하는 데 온전히 소요된 두 주 동안 이들은 균형을 실천하면서 듣는 이를 그들의 세계에 빠져들게 할 만한 멋진 결과를 만들어 냈습니다.

1999년에 자작 레이블인 카우 레코드를 통해 온전히 혼자 만든 첫 앨범 『개가 계단을 뛰어오르다Dog Leap Stairs』를 발표한 캐서린 윌리엄스의 『남기 위해 떠나Leave to Remain』『오버 플라이 오버Over Fly Over』『작고 검은 숫자들Little Black Numbers』 등 지난 앨범들이 드러낸 다소 어두운 정서를 염두에 둔다면, 이번 앨범 『둘Two』는 흡사 비가 새지 않는 새 집으로 이사해서 그에 걸맞게 영양가가 높아진 식단과 같습니다.

닐 영, 레너드 코언 등 대선배들의 넘버를 커버한 『관계Relations』(2004년)는 캐서린 윌리엄스의 내공을 잘 보여 주는 앨범인데, 그녀의 노래 실력만을 냉정히 평가해야 할 일이 있다면 이 커버 곡이 친절히 안내해 줄 것입니다.

또한 그 외의 앨범에도 캐서린 윌리엄스의 아티스트적 면모와 포크 음악의 새로운 계승자로서의 권위를 인증해 줄 요소는 많이 담겨 있습니다. 그렇더라도 『둘Two』에는 특별한 것이 있습니다. 외롭고 막힌 공간에서 존재의 사라짐과 자연의 신비와 갈망을 늘 읊조려 온 그녀가 이 앨범 안에서는 인생과 사랑이라는 소재에 관해 성찰하고 있다는 점입니다.

인생의 열쇠에 대한 포크의 대답

뉴캐슬에서 살고 있는 캐서린 윌리엄스는 여전히 브리티시 독립 음악 진영의 대표적 인물이고, 이 앨범의 출처는 자신의 레이블인 카우 레코드Caw Record입니다. 조니 미첼이나 닉 드레이크가 지나간 포크의 오솔길을 이어 독창적인 음악 세계로 발전시키고 있기에, 그리고 오로지 음악 그 자체를 즐기기에 흥미로운 존재입니다.

가장 아름다운 노래 한두 곡을 주관적으로 꼽으라고 한다면 별 주저함 없이 이 앨범의 두 곡, 「새벽 여섯 시 골목6AM Corner」과 「프레임Frame」을 고를 것입니다. 옛날 켈틱 음악 그룹 알탄Altan의 새벽이슬 같은 선율을 듣는 듯 고적하고 평온하며 신비한 어쿠스틱 포크의 진경은 소박하기 짝이 없되 속이 알차게 영근 들판의 열매 같습니다.

하나 더 추가한다면 아름다운 화음을 이루는 「인생에서의 구멍들Holes In Your Life」. 티 없는 순진함과 산전수전 다 겪은 연륜이 동시에 겹

쳐지는 아이러니가 있는 이 곡은 기교를 배제한 하모니와 함께 산들 바람처럼 불어왔다가 슬며시 문을 열어 놓고 떠나가는 듯한 여운이 마음을 허전하게 만듭니다. 그래도 자연과 운명에 순응하고 다시 먼 길을 채비해야 할 새로운 날 새벽의 고요를 깨닫게 하지요.

재미있는 점은 열세 곡 중 열두 곡을 새로운 창작곡으로 채웠으면서도, 탐 웨이츠Tom Waits의 명곡이자 웨인 왕 감독의 영화 『스모크』의 주제가였던 「Innocent When You Dream」을 조금 생뚱맞게 선곡한 점입니다. 꿈꿀 때는 순수하다는 제목 때문일까요. 정작 오 년 전의 앨범 『관계Relations』에 넣지 못한 아쉬움을 해결하기 위한 의미도 있어 보입니다.

음악과 함께 의미심장하게 다가오는 커버 아트 역시 캐서린 윌리엄스의 작품으로, 그냥 지나치기는 아까운 멋진 커버 아트입니다. 엷은 블루와 올리브 그린이 주조를 이루는 바탕은 가을의 들녘을 추상적으로 표현하고, 공중에 떠 있는 초콜릿색의 괴물체는 마치 바다 속의 수뢰 같기도 하고 외계 비행물체 같기도 한데, 그 정체는 다름 아닌 마로니에 열매Conker입니다. 잘 여물어서 속이 보이기 시작하는 열매는 껍질과 속의 상보적 관계를 보여 줍니다.

자유분방하게 낙하하려는 씨앗과 이를 지키고자 하는 껍질의 관계. 목적지 없어도 떠나려는 이와 그의 방황을 다독여 잡아 주려는 이의 관계. 캐서린 윌리엄스의 앨범 『둘Two』의 음악도 결국 이와 같은 관계에 관한 메시지 혹은 이야기를 담고 있는 셈입니다. 인생 혹은 미래에 중요한 건 무엇일까요. 그건 관계라고, 특히 균형 잡힌 관계라고 이들은 이야기합니다. 포크 음악의 미래 역시 다르지 않을 것입니다.

외로움에 대한 우아한 성찰

윌리엄 핏츠시몬스 William Fitzsimmons**의 『참새와 까마귀**The Sparrow and The Crow**』(2010년)**

참새와 까마귀 이야기

이솝 우화에도, 인도 펀자브 지방의 전래 민화에도 참새와 까마귀 이야기가 등장합니다. 주로 죽어라고 일만 하느라 얼굴이며 손발이 다 까매진 부지런한 까마귀와, 게을러서 늦게 일어나지만 말을 잘하고 요리를 잘하는 등 손재주가 많은 참새의 상반된 성격과 팔자에 관한 것입니다. 대개 참새의 수다에 기가 막힌 까마귀가 혀를 끌끌 차지요. 생물학적으로 함께 참새 과에 속하는, 가장 가깝고도 먼 참새와 까마귀를 앨범 제목에 쓴 싱어 송 라이터 윌리엄 핏츠시몬스는 대개의 포크 음악가가 그렇듯 평범한 환경 생태주의자일 따름일까요.

윌리엄 핏츠시몬스William Fitzsimmons는 본인을 까마귀에, 헤어진 옛 아내를 참새에 비유합니다. 아홉 해를 함께 살다 지금은 남남이 된 그들의 이야기를 시퀀스별로 이리도 자세하게 구구하게 술회하고 있는, 조금은 난감한 리얼 인생 스토리인 것입니다. 처음 사랑해서 만나 '죽음이 우리를 갈라놓을 때까지' 살자고 언약하고 가족과 친구들의 축하를 받으며 세상에서 가장 행복한 얼굴로 결혼식을 올리고, 살다가 싸우고 화해하고 참고 이해하고 다독이는 한 남자와 한 여자의 동반이 얼마나 아슬아슬한 일인가는 해 본 사람은 압니다. 그 시작과 끝 그리고 그 뒤에 남는 후회와 그리움, 외로움까지 친절하고 솔직하게 노래하고 있습니다. 어쩌면 누구나 노래하는 '사랑'이라는 것이 얼마나 부서지기 쉬운 것이고, 사라지면 아쉬운 것인지를 몸과 영혼으로 체험한 한 사내의 빈곤하지만 공감 백배의 후일담에, 삶이 만만한 게 아니란 걸 아는 소심한 이들이라면 푹 빠져들 만합니다.

그의 부모의 이혼 역시 두 번째 앨범『굿나잇Goodnight』(2006년)에 담긴 이야기의 토대가 되었으니, '이혼'에 관한 음악 스페셜리스트라고 해야 할까요. 어쩌면 자신과 가족의 불행을 딛고 일어서는 데 음악이 가장 유효한 창구가 되었을 테지요. 크고 작은 상처를 마음에 안고 사는 세상 사람들에게 그가 만들고 연주하는 음악들이 주는 울림은 그래서 특별하고 실질적이라고 해야겠지요.

공감과 치유의 읊조림 열두 곡

미국 펜실베이니아 피츠버그에서 성장한 윌리엄 핏츠시몬스는 비록 시각장애인이지만 대단한 음악 애호가였던 부모 덕분에 풍부한 음악적 감수성을 이어받은 편입니다. 아버지가 직접 만든 파이프 오르간이 있는 집에서 피아노와 트롬본, 우쿠렐레, 만돌린, 벤조, 멜로디카 등 대부분의 어쿠스틱 악기를 만질 수 있었고, 어머니를 통해 제임스 테일러나 밥 딜런, 조니 미첼, 사이먼 앤 가펑클 등 포크 음악의 묘미를 알 수 있었습니다. 앞서 말한 두 장의 앨범을 홈 레코딩으로 완성할 만한 손재주와 재능도 아마 다 그런 성장기의 산물일 것입니다.

그러나 그의 본업은 심리상담가. 제네바 대학에서 상담학으로 석사학위를 받은 그는 졸업 후 몇 년 동안 정신적 고통을 앓는 이들을 위한 치료에 몸담기도 했습니다. 어쩌면 이때의 경험이 마음을 치유하는 음악을 창작하는 뮤지션의 길을 가기 위한 한 여정이 되었을 수도 있겠군요. 우연인지 필연인지 첫 앨범 『우리가 유령이 될 때까지

Until When We Are Ghosts』(2005년)와 두 번째 앨범 『굿나잇Goodnight』(2006년)의 수록곡인 「열정 놀이Passion Play」와 「제발 가지 마Please Don't Go」가 의학 드라마 『그레이 아나토미』에 사용된 걸 보면 그의 음악에는 '공감'과 '치유'의 촉감이 존재하는 게 분명합니다.

1, 2집을 피츠버그의 집에서 자작 프로듀싱으로 만들어 발표한 그는, 2008년에 이 세 번째 앨범 『참새와 까마귀The Sparrow and The Crow』를 처음으로 스튜디오 레코딩을 통해 발표하였고, 아이튠스 포크 앨범 차트 1위에 오르기도 했으며, 최근까지 그의 음악은 ABC의 『형제와 자매Brothers & Sisters』, MTV 『라이언의 인생Life of Ryan』, 라이프타임Lifetime의 『군인의 아내들Army Wives』 등 많은 텔레비전 프로그램에서 사용된 바 있습니다.

그를 두고 두 사람의 싱어 송 라이터를 비교하곤 합니다. 아이언 앤 와인Iron & Wine 그리고 엘리엇 스미스Eliott Smith. 동방박사 같은 텁수염에 학구적이며 고독함이 그윽하게 깃든 표정, 그리고 어쿠스틱 기타에 잔잔히 담긴 성찰의 음악은 또한 보니 프린스 빌리Bonnie Prince Billy를 연상케도 하지만, 미국 현지에서는 포크와 실험을 오가는 뮤지션 수프얀 스티븐스Sufjan Stevens에 견주기도 합니다.

아이언 앤 와인의 철학적이며 상징적인 은유의 화법에 비하면 윌리엄 핏츠시몬스는 조금 더 일상의 정서를 노래합니다. 생전 엘리엇 스미스의 부서질 듯한 감성과 유약하면서도 데카당스한 그늘에 비하면 윌리엄 핏츠시몬스는 희망의 불빛을 조금 더 많이 안고 있습니다(명색이 심리상담가 출신이니까). 생김새나 캐릭터는 딴판이지만 미국 포크의 흐름을 주도하는 세대의 한 명인 수프얀 스티븐스가 어쿠스틱과 전자음악 사이에서 독창적인 언어를 찾아가는 확장 작업은, 윌리엄 핏츠시몬스의 음악적 탐색에 모델이 될 수도 있을 것 같습니다. 실제로 최근의 윌리엄은 전자음악과 리믹스에 상당한 집중을 보이고 있습니다. 물론 부모 세대부터 이어받은 포크 정신과 문법이 가장 중요한 자양분이자 혈액형임은 두말할 나위 없습니다.

청중과 눈을 맞추는 일은 거의 없을 듯 무심하고 쓸쓸한 안경 너머 눈빛으로 그저 힘없이 속삭이듯 혹은 일기를 읽듯 하는 그의 보컬은 어쩌면 노래라기보다는 읊조림입니다. 하지만 그 들릴 듯 말 듯 무덤덤한 보컬이 음악적 생기를 얻는 건 아무래도 조용함 속에서도 바지런한 아르페지오를 작동시키는 그의 어쿠스틱 기타 때문일 것입니다. 단순하고 명확한 프레이징과 의외로 통통 튀는 바운스가 있는 핑거링은 이른바 포크 싱어 송 라이터의 표본처럼 느껴질 만큼 아름답습니다.

반가운 목소리가 여기 게스트로 참여했습니다. 한국인 혈통을 가진 싱어 송 라이터 프리실라 안Priscilla Ahn이 그 맑고 아름다운 목소리로 백킹 보컬을 맡은 두 곡 「더 이상 느낌이 없어(참새의 노래)I Don't Feel It Anymore(Song Of The Sparrow)」와 「그대로부터 동떨어진Further From You」은 쓸쓸한 그의 노래에 촉촉한 온기를 제공함과 동시에 왠지 그가 사랑한 옛 아내의 잔영을 중첩시킵니다.

기타, 피아노, 밴조, 아코디언 그리고 목소리. 일상의 사물들만큼 흔하지만 마음처럼 되지 않는 이 사랑이라는 영원한 숙제의 후일담. 그리고 고통을 그냥 안고 가는 유약한 사람들에게 윌리엄 핏츠시몬스가 보내는 열두 곡의 노래. 만남과 헤어짐이라는 인생의 공식 위에서 행복해지는 일이 얼마나 어려운지 고백이 담긴 독백과 그녀에게 못다 보낸 편지들 속에서 공감하게 됩니다. 그리고 비슷한 멍에를 마음에 담고 있는 대부분의 평범한 사람들을 그렇게 이해하는 것이지요.

겨울 저녁 차갑고 쓸쓸한 공기 속에서는 창 너머 멀리 저물어 가는 노을이 더 깊게 보입니다. 그리고 윌리엄 핏츠시몬스가 읊조리는 조용한 인생 노래들이 화롯불처럼 마음을 지피고……. 길 위에서, 혹은 노을이 푸르게 소멸하는 창가에서, 지평선 끝에 반짝이는 깨알 같은 무명의 불빛을 응시하는 외로움으로부터 굳건하게 생의 의미를 각인하는 여행자의 음악이 아닐 수 없습니다.

대자연과 영혼의 대화, 네이티브 아메리칸 플루트

R. 카를로스 나카이R. Carlos Nakai**의 『친구의 속삭임**A Friend's Whisper**』(2009년)**

첫 유토피아의 여행자이자 수호자, 네이티브 아메리칸

콜럼버스 일행의 오해 때문에 지금도 인디언이라고 불리는 아메리칸 원주민은 언제 어디서 왔는가? 라는 질문은 끊임없이 호기심을 자극하는 주제입니다. 물론 현재까지는 그들이 동북아시아로부터 들어왔으리라는 설이 유력합니다.

'신세계로 인간이 이주하는 데는 지리와 기후 등의 조건에 많은 영향을 받았다. 그들이 신대륙에 올 수 있는 유일한 통로는 베링 해협이었다. 배가 발명되기

전에 인디언들은 마른 땅을 건너지 않을 수 없었다.'

—G. H. S. 부쉬넬 『처음의 미국인』 중에서

동북아시아와 북아메리카 북부지방 즉 알래스카와 캐나다는 기원전 2만 5천 년~기원전 9천 년 사이에 넓은 평원으로 연결되어 있었다고 합니다. 어쩌면 최초로 유토피아를 찾아 나선 거대 유목민 집단이었을 그들이, 풍요한 대지 아메리카에서 일구어 온 오랜 평화의 세월 동안 자연과 공존해 온 덕에, 오늘날의 미국이 있음을 우리는 압니다. 물론 그 이양은 정복과 학살에 의한 것이었지만.

1850년경 워싱턴의 미국 정부는 반세기에 걸친 인디언 학살 전쟁의 막바지를 마무리하는 거래를, 가장 영향력 있는 추장이었던 시애틀 추장과 마주앉아 벌였습니다. 더 많은 것을 가지려는 데만 몰두하는 문명의 인간들에게 바로 그때 시애틀 추장이 한 의연한 연설은 먼 훗날 중요한 상징적 메시지가 되었지요. 삼라만상과 대지의 모든 것이 성스러운 것이고 그 경이로움을 파괴하고 소유하려는 것은 생명 자체를 파괴하는 것이라는, 따라서 이 경이로운 하늘과 땅을 주고받는다는 생각이 얼마나 어리석은지 일깨우는, 그러므로 지금까지의 우리처럼 이 대자연의 신성함을 깨뜨리지 말고 지키라는, 서글픈 항복의 선언이자 준엄한 메시지였습니다.

근대화의 광기가 현대적 의미의 풍요와 공포를 함께 가져다준 20세기가 도래하기 전, 북아메리카 대륙의 원주민들이 터전을 잃고 부족의 미래마저 사실상 말살된 것은, 최초의 유토피아가 자연의 품에서 인간의 손아귀로 넘겨진 것이나 다름없습니다. 그래서 미국 서부 개척사를 뒤집으면 그것은 곧 북미 원주민 멸망사가 됩니다. 앵글로색슨에게 개척과 승리를 가져다준 그 침략과 강탈의 역사가 인디언과 자연의 벗들 모두에게 죽음의 역사를 제공한 셈입니다. 그것은 그곳에서 오래 살아온 제 부족들의 소멸일 뿐 아니라, 대자연과 소통하고 그것의 일부가 되어 그것을 지켜 온 자들이 사라졌음을 의미합니다.

나바호족, 수우족, 샤이엔족, 크로우족, 네즈페르세족, 아파치족, 블랙풋족, 체로키족 등 수많은 부족들. 그리고 마누엘리토, 붉은구름, 검은주전자, 앉은소, 제로니모 등 평화주의자이자 자연주의자였던 위대한 북미 원주민 지도자들의 이름을 우리는 다 알지 못합니다. 서부영화와 미국 중심의 역사가 왜곡해 온 인디언의 정신을 겨우 객관적으로 보기 시작한 것도 얼마 되지 않았습니다. 백인들의 욕망을 위해 사라져야 했던 북미 원주민의 이야기는 그들만의 것이 아닙니다. 전 지구의 곳곳에서 암암리에 지속되는 모든 침략과 강탈 행위는 그것의 또 다른 버전일 따름이지요.

네이티브 아메리칸 플루트, 그리고 산중인 카를로스 나카이

이제는 명맥만 남다시피 한 북미 원주민의 음악을 대표하는 두 가지 악기가 있습니다. 북과 플루트. 그들에게 북소리는 인간의 맥박과 생명의 근원적인 리듬을 의미합니다. 또한 북의 둥근 모양은 과거와 현재, 미래를 엮어 주는 불가분의 일체성을 의미했습니다. 특히 파우와우Pow-Wow라고 부르는 큰 북은 그 하나에 부족의 여러 명이 빙 둘러앉아 함께 두드려야 할 만큼 컸는데 부족 모두가 모이는 행사에서는 빠질 수 없는 상징물이었습니다. 집단화된 인디언들의 남성적 기상을 대표하는 북은 전사로서의 인디언이나 영적 일체감의 상징으로 작용했지요.

북도 중요하지만 플루트야말로 네이티브 아메리칸 음악의 백미입니다. 격렬한 전투나 사냥 뒤에 찾아오는 침묵과 고요를 평정하듯 드넓은 평원 속에 안개처럼 퍼져가는 플루트의 공명은 인간과 생물의 유한함과 덧없음을, 대자연의 유구함을, 우주의 광대함을 돌아보도록 할 만큼 깊고 맑습니다. 갈대와 나무껍질로 만드는 네이티브 아메리칸 플루트의 이름은 다양한 그들 부족의 숫자만큼 여러 가지로 불렸지요. 300여 어족에 2천여 개 방언이 존재한다는 그들의 언어를 감안하면 이 또한 짐작할 수 있습니다. 타페노, 예요타스타, 와사수티레, 와스카치 등 다른 이름으로 불리었지만 모든 부족 문화권에서 이 플루트는 무반주 독주 악기로 연주되었고, 영혼과 대자연의 고요한 대화를 이끄는 통로가 되거나 대지가 내뿜는 고요하고 아름다운 탄식과 신음을 상징했습니다.

나바호족의 후예로서 네이티브 아메리칸 플루트 음악의 산증인인 R. 카를로스 나카이R. Carlos Nakai는 1946년 애리조나 주 플래그스탭에서 태어나, 북애리조나 대학에서 클래식 트럼펫을 공부한 뒤 네이티브 아메리칸 플루트를 공부했습니다. 1983년 생애 첫 앨범 『변화Changes』를 비롯한 수십 장의 솔로 앨범을 냈을 뿐 아니라 나왕 케촉Nawang Kechog, 폴 혼Paul Horn, 필립 글래스Philip Glass 등 동서양의 거장들과 협연하기도 했으며 네 번이나 그래미상 후보로 올랐습니다.

현재 그는 애리조나 주 툭손에 거주하며 네이티브 아메리칸 음악의 전승과 현대화 및 타 장르, 다른 대륙 음악과의 교류와 실험 및 교육에 땀 흘리고 있습니다. 그의 연주는 만질 수도 가질 수도 없는 마음을, 먼 사랑을, 순결함을, 그것의 환희와 보이지 않는 갈망을 어루만지기도 하고, 잃어버린 땅과 시간에 대한 애달픈 탄식과 위로가 되기도 합니다. 때로 혼을 깨우는 노래는 인생의 선택과 숙고를 떠올리게 하고, 아픔과 질곡의 세월을 따뜻하게 어루만지게도 합니다.

깊은 적막이 감돌고 시간도 멈춰 선 높은 산, 먼 옛날 유토피아를 찾아 해협을 건넌 사람들이 고요한 안개를 통해 속삭이는 소리. 이보다 더 친절하게(그러나 냉철하게) 심연을 위무할 수 있을까요. 내면과 만나는 자연의 소리에 귀 기울이는 시간, 강요하거나 현혹하지 않는 이완의 음악, 마음의 주름을 펴 주는 지혜와 초월의 주름이 담긴 소리에 귀를 기울여 봅니다. 느림보의 선율, 구름 낮은 대지의 구성진 울림, 발산하기보다는 수렴하는 자의 음악입니다.

'우리는 태어나면서부터 행복을 향해 떠나는 멋진 여행을 시작한다. 그 여행은 진정한 용기와 지혜에 도달할 수 있도록 감성적이고, 정신적이며, 육체적, 영적인 존재의 상태를 만들어 가는 과정이다. 행복감과 사랑으로 나타나는 마음의 힘은 삶의 좌절과 고통의 길로 빠져들지 않게 우리를 인도한다. 이 여행은 내 영혼으로 향하는 내적인 여행이지 이기와 소유의 기억으로 향하는 것이 아니다. 우리 자신이 아주 어렸을 때부터 억눌리고 잊힌 것들을 다시 배워 가는 과정이다.'

–카를로스 나카이 R. Carlos Nakai

카를로스 나카이의 여러 연주 앨범 중 그간 발매한 가장 완성도 높은 열 장 가운데서 선곡한 열다섯 곡을 담은 이 음반은 거장의 진면목을 일별하는 베스트 앨범입니다. 반음계가 없고, 평균율 연주를 할 수 없기에 연주법이 까다로운 네이티브 아메리칸 플루트는 그 신비로운 음색과 자유로운 영감으로 자연의 소리를 담아 내면의 감정과 풍경을 만들어 냅니다.

이 앨범의 백미라고 할 수 있을 플루트와 오케스트라의 협연이 만들어 낸 공간감과 깊이는 아름다운 고독의 보이스 오버인 플루트의 소리를 세계와 대자연의 조화와 흐름으로 확장시키는 의미입니다. 우리 시대가 갖지 못한 저 시원의 에너지를 불러들이고, 죽어가는 지구의 미래를 경고하는 소리들은 수만 년 전 같은 조상을 가졌을지도 모를 우리의 가슴과 정신에도 깊은 울림을 선사합니다.

신비와 아름다움으로 가득한 대지의 이름이었을 야생의 아메리카. 그 대지의 수호자들이 소수자로 남은 후손과 지구의 모든 친구들에게 선물한 영성 가득한 이 음악은, 어머니 대지의 따뜻한 품과 평화를 노래하며 탐욕과 광기의 시대를 사는 우리 내면을 고요하게 가로지를 것입니다.

사라진 대지의 친구들과 만나는 바람소리

『인디언의 길 3 Indian Road 3』(2006년)

지금은 사라진 땅의 친구들

500년 전, 종교와 경제 권력을 놓고 분쟁하던 유럽인들이 찾아 헤매다 만난 신대륙의 주인들은 애초부터 완전한 무소유와 공동체의 삶을 영위하던 '땅의 친구'들이었습니다. 신대륙을 인도라고 착각하여 그 주인들을 '인디언'이라고 부른 유럽의 백인들은 그들이 발견한 이 대륙의 과거를 인정하지 않고, '신대륙'이라고 역사에 기록하면서 수백 년에 걸쳐 침탈과 일방적 동화의 과정을 밟아 갔습니다.

지구에서 가장 아름답고 평화로운 땅이었던 북아메리카 대륙은 그렇게 오랫동안 땅의 친구이자 자식인 원주민들로부터 유럽인들에게 넘겨졌고, 오늘날 그 땅의 원래 친구들은 단지 150만 명만이 살아남아 겨우 명맥을 유지할 뿐입니다. 3만 년 전에 북방 아시아에서 건너가 '신의 대륙'을 발견하고 풍요로운 신의 정원을 일구어 왔던 황인종이 그들의 선조일 것입니다. 멀고 먼 동아시아에 살고 있는 우리에게 어쩌면 그들은 몽고인을 같은 조상으로 가진 한 핏줄이었을지도 모릅니다.

그래서 지금은 사라진 땅의 친구들, 북아메리카 원주민의 아련한 음악을 듣는 마음에 알 수 없는 그리움과 향수가 떠오르는 것일까요. 아득한 시절부터 변화해 오면서도 사라지지 않은 마음의 강, 그리고 대자연만이 그 비밀을 알고 있겠지요.

문명에는 옳고 그른 것이 없고 다름이 있을 뿐. 그 어떤 문명과도 다른 자신만의 호흡을 지녔으나 그 무엇에도 침략이나 훼방을 놓은 적이 없는 인디언 문명의 철학을 한 마디로 집약하면 '흐름'입니다. 흐르는 강물, 그것처럼 덧없는 것이 세상이며 영원한 것 또한 없지요. 그러나 모든 것이 흘러간다는 진리만큼은 영원합니다. 그래서 슬픈 일이나 고통스런 일이 닥쳐와도 그것이 곧 흘러가고 만다는 것을 알기에 공포에 떨지 않는 것입니다. 영원히 변치 않는 이 흐름에 기대어 자연의 일부가 되어 살았기에 그 자취 또한 아무런 표식이 없습니다. 오히려 백인들이 적이자 친구였던 인디언 추장들의 죽음을 안타까워하고 그들에 관한 그리움의 표식을 남기려 했지요.

자연과 인간의 아름다운 공존

아침별, 차는새, 뒤돌아보기, 왕갈비뼈, 벼락치는노인, 한번말하는사람, 속빈뿔곰, 자꾸그림자가따라와, 따라오는그림자어쩔수없어, 돌사이에끼어울다가, 흰눈썹펄펄날려, 열마리곰, 나는화살에서뛰어내려……. 유난히 동물과 자연 현상에 대한 명칭이 많이 등장하는 이들의 이름을 한 번씩 불러 볼 때마다, 인디언 세상에서 동물의 의미와 가치가 얼마나 따뜻했는지 느낄 수 있습니다. 그곳에서 동물들은 삶을 누릴 권리, 인간의 보호를 받을 권리, 자유로울 권리를 지니고 있었습니다. 그것을 잘 알았던 인디언은 동물을 노예처럼 부리지 않고, 먹고 입는 것에 소요되는 것 빼고는 함께 삶을 영위했습니다. '대지'라는 위대한 창조주 안에서 위대한 신비로 채워진 같은 혈족, 그것이 동물과 인간입니다.

인디언의 대지는 그 신비로 가득 찬 공간입니다. 그러나 그곳을 찾아온 문명인에게 그 신비는 길들여지지 않는 야생일 뿐이었습니다. 문명인에게 이 세계는 죄와 추악함으로 찬 곳이고, 인디언 부족에게 세계는 아름다움으로 가득 찬 곳이었습니다. 자연에 대한 존경심을 잃지 않는다면, 적어도 자연을 정복의 대상으로 삼지만 않았다면 문명인에게도 세계는 아름다움의 결정이 될 수 있었을 겁니다.

인디언 부족에게 있어 산, 강, 호수, 실개천, 계곡, 덤불숲, 바람, 비, 눈, 햇빛, 낮, 밤, 계절의 변화 등은 자연의 얼굴 표정이자 그곳에 살고 있는 피조물들과의 대화입니다. 이 영롱한 대화는 대나무 플루트와 휘슬, 북, 그리고 그들의 목소리에 담겨 고원과 계곡, 저녁노을 너머로 메아리치곤 했습니다.

오랜 세월 풍요한 대륙의 친구이자 관리자였던 이들은 스스로를 자연의 주인이 아닌 일부로 여겼습니다. 문명인의 특징인 개인주의는 이들에게는 수치의 원천이었고, 중요한 결정을 할 때 파우와우Pow-Wow라는 부족회의를 열어 각자의 생각을 비교했지요. 자연의 일부로 공생하던 이들이 백인의 인종 말살을 거쳐 오늘날 '보호구역'에서 명맥을 겨우 유지하고 있지만, 자연을 인간에게 복종시키려 한 발상에서 나온 그 '보호구역' 통치를 마음으로 인정하는 인디언은 없을 것입니다.

신대륙 발견에 이은 서부 개척사가 곧 북아메리카 인디언 침략사에 다름 아니라는 사실을 우리는 알고 있습니다. 그러나 인디언의 무소유와 무위자연의 정신은 정복과 두려움으로 압축되는 백인 문명에, 그리고 전 세계의 모든 문명에 시간이 갈수록 곰삭은 울림으로 스며들고 있습니다. 500년 전 평화롭고 고적한 땅을 우연히 발견하여 신대륙이라고 호들갑 떨던 유럽인들의 눈에 들어온 것은, 가로막힌 것 없고 끝없이 자유의 숨을 들이쉴 수 있는 평원과 그에 동화되어 바람처럼 흙처럼 살아가는 인디언과 동물들이 아니었을지도 모릅니다. 오로지 금을 비롯한 무한한 광맥이 저장되어 있는 드넓은 면적이 가진 경제적 자산 가치와 그에 따른 권력의 선점이었겠지요.

사라진 대지의 친구들은 그 후예들에게 고스란히 그들의 정신과 음악을 물려주었습니다. 비록 백인의 문명과 공생하기 위한 타협과 절충은 피할 수 없었지만, 이들은 자연의 흐름에 몸을 맡긴 조상들 덕분에 올바른 공생의 길을 몸으로 알고 있습니다. 종교와 음악은 그 극명한 예가 되는데, 이를테면 페요테 송Peyote Song은 워보카가 창시한 '유령춤Ghost Dance'이라는 종교에 근간을 두고 있지요. 삶의 터전과 종교를 잃음으로써 삶의 희망까지 잃고 살아가던 원주민들을 사로잡은 이 종교는 그들의 전통 종교와 기독교를 혼합한 것입니다. 인디언을 항복시킨 뒤 수용한 보호소들마다 이 유령춤이 유행하면서 그들의 정신은 다시 점화되어 살아났지요. 백인이 원하던 명백하고 완전한 말살은 실패한 셈입니다.

치유의 음악

아이러니하게도 문명의 이기인 음반을 통해 지구촌 다른 세상에 전해지는 북아메리카 원주민의 호흡과 맥박은, 우리 존재의 근원과 자연의 의미를 다시 고민하도록 만들었습니다. 『인디언의 길 1Indian Road 1』과 『인디언의 길 2Indian Road 2』를 통해 우리는 북아메리카 원주민 플루트 음악에 매료될 뿐만 아니라 이를 넘어 문명과 시간 그리고 소리에 관한 소박한 성찰을 할 수 있습니다.

삼부작으로 기획된 시리즈의 총결산인 『인디언의 길 3Indian Road 3』은 플루트 음악과 함께 이들의 노동요, 아시아 음악과의 만남, 그리고 컴퓨터 프로그래밍과의 조화까지 확인할 수 있는 의미 있는 작업입니다. 무엇보다도 극한으로 치닫는 이 세계의 개인주의화, 파편화가 수반하는 현대인의 고립에 대해 이 음악들은 특별한 울림을 던져 줍니다. 신과 우주의 선물인 대자연 위에 홀로 고독하게 서서 새벽별을 향해 노래하고 덧없이 흐르는 강을 찬미하는 그 '아름다운 고독'은, 물기를 잃어버리고 물신화해 가는 세계에 지친 우리 모두의 내면을 치유할 것입니다.

청아한 목관악기로 만나는 아이리쉬 뮤직과 클래식의 보석

데이비드 애그뉴 David Agnew**의 『데이비드 애그뉴의 베스트**The Best Of David Agnew 1987-2004**』(2005년)**

켈틱 음악의 표상, 오보에

윌리엄 버틀러 예이츠의 시편을 통해 그려진 목가적 풍경, 즉 이니스프리의 호수와 백조들 그리고 드넓은 평원과 쓸쓸하고 고요한 들녘 너머에서 불어오는 바람이, 고난을 이겨온 이들의 역사와 점철되어 있는 아일랜드. 아일랜드를 대표하는 수많은 예술가 가운데 최고의 목관악기 연주자 데이비드 애그뉴David Agnew는 무엇보다 영화 『미션The Mission』에서 잊을 수 없는 테마, 「가브리엘의 오보에Gabriel's Oboe」의 연주자로 깊은 공명을 남겼지요.

탁월한 현대적 감각과 고전적 서정성으로 시대와 장르를 뛰어넘어 팝과 클래식을 넘나들며 켈틱 뉴에이지 연주자들 가운데 가장 폭넓은 활동을 하고 있는 데이비드 애그뉴는, 더블린 출신으로 어린 시절에 피아노, 기타, 리코더 등을 배우며 음악가의 꿈을 키웠습니다. 열일곱 살에 클래식 목관악기인 오보에를 만나 착실히 오보이스트로 성장해 갑니다. 예술학회의 장학금을 받아 전설적인 오보이스트 하인츠 홀리거Heinz Holliger, 모리스 보그Mourice Bourgue 등을 사사하면서 유수의 학교에서 최고의 오보이스트가 되기 위한 담금질을 계속합니다.

1981년에 드디어 음악계에 본격적으로 뛰어든 그는 유럽 각지에서 클래식 연주자로 조용하게 실력을 인정받다가 1986년 드디어 엔니오 모리코네Ennio Morricone가 음악을 맡은 롤랑 조페Roland Joffe 감독의 명작 『미션』의 테마를 연주하게 됨으로써 클래식의 전유물이던 오보에를 대중 음악계에 선보이는 아주 의미 있는 위치에 서게 됩니다.

R.E.M. 등 팝 밴드의 앨범에도 참여하는 등 팝 방면에서 그의 활약은 특히 눈부셨습니다. 그러나 무엇보다 유구한 전설과 아름다운 풍광의 나라 아일랜드의 음악가로서, 가장 자연 친화적이며 목가적인 소리를 내는 오보에를 '켈틱(혹은 아이리쉬) 뮤직'의 표상으로 만들어 간 그는, 클래식과 현대의 가교로서 유럽과 세계에 켈틱 뮤직의 아름

다움을 전하는 전령이 됩니다.

아일랜드를 대표하는 거장들인 치프턴스The Chieftains, 필 콜터Phil Coulter, 프랭크 패터슨Frank Patterson 등의 앨범에도 참여한 그는 음악적 파트너인 데이비드 던스David Downes와 함께 '퍼 나 케올Fir Na Keol(음악을 위한 남자들)'이라는 프로젝트 팀을 결성, 뮤지컬 『리버 댄스River Dance』, 『로드 오브 더 댄스Lord Of The Dance』 등에도 참여하고, 『켈틱 무드Celtic Moods』(1996년), 『켈틱 크리스마스A Celtic Christmas』(1997년), 『퓨어 켈틱 무드Pure Celtic Moods』(1998년), 『마음의 여행Heart's Quest』(2003년) 등의 앨범을 발표하면서 켈틱 음악의 자산을 넓혀가고 있습니다.

영혼을 어루만지는 따뜻한 소리

이 앨범은 켈틱 오보이스트 데이비드 애그뉴의 진수를 두 장에 담은 베스트 앨범입니다.

그의 앨범 『안개 속으로Into The Mist』, 『날개를 펼쳐요Lift The Wings』, 『마음의 여행Heart's Quest』 등에서 엄선한 CD 1(18곡)에는 그를 세계에 알린 명곡 「가브리엘의 오보에Gabriel's Oboe」를 비롯해 「우리의 영웅Mo Ghile Mear」처럼 목가적이면서도 생기에 찬 아일랜드 민요와, 그 활기에 맥을 이은 아일랜드의 대표적 뮤지컬 『리버 댄스River Dance』의 음악, 현대적이고 장중한 합창곡 「신새벽The New Dawn」 등이 있습니다. 또한 그의 딸인 클로에가 천사 같은 목소리로 부른 「넬라 판타지아Nella Fantasia」는 「가브리엘의 오보에Gabriel's Oboe」에 가사를 붙인 곡으로 팝과 아일랜드 민요가 접목된 켈틱 음악의 초록색 향기가 가득합니다.

그리고 클래식 오보이스트의 진면목을 보여 주는 CD 2는 2001년에 발표한 클래식 연주 모음 앨범 『오보에Oboe』에서 가져온 것입니다. 데이비드 애그뉴의 오보에 연주로 듣는 이 명곡들은 한결같이 따뜻함이 느껴집니다.

생상의 『동물의 사육제』 가운데 「백조Swan」, 사티의 『짐노페디Gymnopedie』 제2번, 드보르작의 교향곡 『신세계』 가운데 「라르고Largo」, 칼 오르프의 『카르미나 부라나』 중 「흔들리는 마음In Trutina」, 바흐/구노의 「아베마리아Ave Maria」, 알비노니의 「아다지오 G단조 Adagio G Minor」, 헨델의 『리날도』 가운데 「울게 하소서Lascia Ch'io Pianga」와 『세르세』 중에서 「옴브라 마이푸Ombra Mai Fu」, 바흐의 『칸타타 150』 중 「신포니아Sinfonia」, 그리고 모차르트의 「아다지오Adagio」 등이 담겨 있습니다.

바이올린 협주곡, 관현악곡, 오페라 아리아 등 널리 알려진 곡을 그의 청아한 오보에를 중심으로, 코르 앙글레이Cor Anglais, 잉글리쉬

호른, 키보드, 바이올린, 비올라, 첼로, 하프 등과 아름답게 협연합니다. 특히 그의 딸 클로에의 목소리가 함께하는 바흐의 「인류의 소망 되신 예수Jesus, Joy Of Man's Desiring」는 힘들고 고단한 모든 이에게 진정한 위안의 메시지가 될 것입니다.

화려한 기교보다는 부드럽고 따스하게, 차분하고도 조금은 우울한 듯한 빛으로 깊은 울림을 전하는 데이비드 애그뉴의 연주를 통해 영혼을 어루만져 주는 음악의 힘을 느낄 수 있습니다.

자연과 인생의 신비를 노래하는 바람의 멜로디

에릭 치료쿠Eric Chiryoku의 『겨울 이야기Winter Story』(2005년)

지구를 고단하게 하는 현대문명

안데스 산맥의 빙하와 카리브 해 중간쯤에 위치한 콜롬비아의 산악 지대에는 세상과 등진 채 외따로 살아가는 코구이라는 인디언 부족이 있습니다. 이들에게 자기들이 사는 산은 이 세계의 축소판인 하나의 소우주입니다. 그리고 물은 세상을 바라보는 시각의 근본입니다. 코구이 부족의 언어에서 '물'이라는 말과 '영혼'이라는 말은 같은 말입니다. 아울러 모든 가르침은 '물은 무엇인가?'라는 물음에서 시작된다니, 물은 생명 자체 즉 살아 있는 존재이지요. 작은 시냇물은 아기이고, 큰 강은 어른입니다.

아주 오래 전부터 그 산악지대에 은둔해 온 이 부족은 외부 세계와 전혀 접촉이 없었는데, 최근에 와서 그 존재를 세상에 알리기 시작했습니다. 이들이 고립된 세계에서 벗어나 세상에 모습을 드러낸 것은 문명 세계가 그들의 물에 끼친 결과를 두 눈으로 목격했기 때문입니다. 자연의 모든 유기체의 표상인 바닷조개가 점점 사라지고, 눈과 얼음으로 덮인 지역이 줄어들고…….

세계가 점점 작아지고 있다고 코구이 인디언은 두려움에 사로잡혔습니다. 문명인들이 이 지구를 금방이라도 파괴하려는 것이 아닐까 하는. 이들은 서구 문화를 '구름을 파는' 문화라고 비난했습니다. 문명 전체가 혼란에 빠져 있다고, 생명과 존재의 근본인 물이 그들에게 예언해 주었다고 합니다.

코구이 인디언만큼은 아니지만 이른바 문명인인 우리 역시 푸른 산과 맑은 물과 조각구름이 사라질지 모른다는 걱정에서 자유롭지 않습니다. 편리한 삶의 양식에 안주하면서도 그 결과의 대부분이 지구 온난화에 기여할지도 모른다는 걱정 말이지요. 적어도 구름을 파는 문화의 대변자는 되지 말아야 할 텐데요.

겨울 여행 그리고 자연의 주제곡

이러한 성찰이 있는 곳에 조용히 찾아와 귀와 마음을 어루만지는 이 음악은 초원에 부는 바람의 속삭임과 양떼 같은 구름, 그리고 사계절의 아름다움으로 충만한 자연을 사랑하는 감정을 그대로 선율로 옮겼습니다. 바로 네오 클래식-뉴에이지 작곡가 겸 피아니스트 에릭 치료쿠Eric Chiryoku의 앨범 『겨울 이야기Winter Story』를 채우고 있는 자연의 사운드트랙입니다.

지극히 동양적이면서도 멜랑콜리한 선율과 오케스트레이션의 조화가 돋보이는 『겨울 이야기Winter Story』에는 자연의 아름다움, 사계절의 로망, 시원하고 부드럽게 불어오는 아침의 산들바람에 대한 찬미와 아울러 인생의 희로애락에 대한 반추와 위안의 미감이 가득 담겨 있습니다. 자연이라는 궁극의 대상을 향한 긴 여행으로 삶을 바라보는 음악가의 인생관이 잘 드러나는 곡들입니다.

플루트가 맑고 청아하게 노래하는 회상과 반추의 심상. 늘 비의적悲意的인 토로의 목소리였으나 여기서는 넉넉한 희망을 노래하는 바이올린과 스트링. 천천히 흘러 내려가는 시냇물처럼 초연하게 무언가 말하는 피아노. 내레이션이나 대사가 생략된 하나의 다큐멘터리 영상을 감상하듯 순수 자연과 달콤한 기억들로 가득합니다. 세상의 예리한 날에 베인 상처를 향한 치유와 위안의 손길로 가득한 이 멜로디와 화성은 일본계 싱가포르 음악가 에릭 치료쿠가 2005년에 발표한 첫 번째 연주 앨범입니다.

동양적인 서정미가 돋보이는 멜로디 전개가 일본계 음악가임을 알려줄 뿐더러, 우리가 잘 아는 유키 구라모토, S.E.N.S., 마사츠구 시노자키, 이사오 사사키, 나카무라 유리코 등 당대 최고의 뉴에이지 계열 일본 음악가의 음악과 비교할 만한 경향을 지니고 있습니다. 그러나 멀티 연주가인 에릭 치료쿠의 음악이 담고 있는 자연과 삶에 대한 긍정적인 시선과 드라마틱한 터치는 조금 더 듣는 이의 심연을 자극합니다.

정성껏 빚은 겨울의 서정

단출하게 절제된 열 개의 트랙은 길지 않으나 가을을 지나고 봄을 기다리는 겨울의 서정이 진하게 농축되어, 각자의 마음 깊이 놓인 사연들을 오래된 사진첩처럼 하나하나 정돈할 수 있도록 도와줍니다.

동양적이고 쓸쓸한 겨울의 풍경과 먼 길을 떠나는 이름 모를 길손의 모습이 떠오르는 구슬픈 선율로 시작하여, 모든 삶의 희로애락이 함축된 겨울의 광활한 서정을 담고 있는 「겨울 이야기Winter Story」가한 편의 드라마를 여는 주제곡이자 서곡처럼 진지하게 문을 엽니다.

「계절의 로망스Season Romance」의 도입부 전주는 환상적인 화성의 키보드 연주가 인상적입니다. 마치 해저의 신비로운 풍경으로 인도하는 듯한 전주 뒤에 플루트와 바이올린이 전개하는 주선율은, 겨울이든 가을이든 봄이든 자연의 축복일 따름인 계절의 로망을 소박하고 열정적으로 전해 줍니다.

북유럽의 신화를 메타포로 담은 프로그레시브 록에서나 들을 법한 간결하면서도 판타지적인 전주와 간주 부분의 피아노 연주에 이어, 눈부시게 푸르른 초원의 생명력을 감동적으로 묘사한 플루트와 바이올린 솔로가 돋보이는「초원의 속삭임Meadow Whisper」 역시 추천하는 곡입니다.

시원하게 머리카락을 스쳐가는 아침 바람의 감촉을 경쾌한 숨결을 살려 묘사하는「아침의 산들바람Morning Breeze」은, 지친 몸과 마음을 쉬게 한 뒤 다시 새로운 기운을 맞이하는 아침에 들으면 좋을 듯합니다.

이 밖에도 어느 하나 예외 없이 정성스럽게 빚어진 한 곡 한 곡 모두, 마음의 상처나 삶의 무게에 눌리어 있는 이에게는 따뜻한 위안과 자유의 기운을, 외로움에 지친 이에게는 긍정적이고 밝은 기운을, 자연을 사랑하는 이에게는 바로 이 세상의 모든 아름다움이 있는 자연의 주제곡을 선사합니다.

신사의 탱고를 위한 우아한 격정의 이중주

듀오 반디니 & 끼아끼아레따Duo Bandini & Chiacchiaretta의 『신사의 탱고Hombres De Tango』(2008년)

탱고: 이민자의 음악 그리고 몸짓

새로운 삶을 찾아 나선 쓸쓸하고 고단한 방랑자들의 거리. 탱고가 처음 생겨난 그 부황한 거리를 거니는 꿈을 꾸며 이방인의 지도를 그립니다. 이민자의 허한 속을 달래 주던 옛날의 선율은 이제 여행자의 로망으로 포켓에 담깁니다. 부에노스아이레스의 동남부에 위치한 항구 보카Boca의 검푸른 저녁. 뱃사람들과 여인들, 그리고 악사들. 시작과 끝이 얽히고설키는 보헤미안의 풍류가 진홍색 노을에 섞여 휘날리는 가운데 시작된, 20세기의 가장 격정적인 춤곡 탱고는 인간사의 가장 어둡고도 찬란한 영역을 상징하는 민중의 음악으로 물처럼 흘러왔습니다.

삶과 죽음에 대한 격정 그리고 관능을 담은 탱고. 라틴아메리카에서 가장 유럽의 정서를 공유하는 춤곡. 한 세기에 걸친 생성 발전 과정에 정점을 찍은 아스토르 피아졸라Astor Piazzolla의 누에보 탱고Nuevo Tango는 항구의 밤을 떠돌던 서러움과 외로움의 몸짓인 춤곡을 클래식에 가까운 정교함과 세련됨의 지평으로 끌어올렸습니다.

프랑스에서 아르헨티나로 건너와 20세기 탱고를 개화시킨 까를로스 가르델Carlos Gardel이나 이탈리아 이민 세대인 아스토르 피아졸라와 같은 유럽인에 의해 유입-정착-진화하고, 아프리칸의 리듬과 서정이 혼합되어 변천된 탱고는 태생과 형성의 역사에서 알 수 있듯 '이민자의 음악'입니다. 식민지 경영과 노예 사업이라는 기반에서 출발한 유럽 이민의 역사의 우울한 그림자가 화려하고 검붉은 탱고 안에 스민 셈입니다. '열정'과 '관능' 그리고 어두운 본성의 낭만적 파열음으로만 연상되던 탱고에, 흑과 백, 삶과 죽음의 콘트라스트가 점령해 온 이 4분의 4박자의 용광로에, 나일론 기타와 반도네온 두 대의 악기는 '절제'와 '함축'의 미덕을 첨가합니다.

격정과 절제: 신사의 탱고

탱고라는 춤과 음악은 참을 수 없는 격정과 시련과 시험, 망각, 회한의 수레바퀴를 상징하는 극장입니다. 때로는 통속의 극치에 닿는 이것은 이방인의 외로움에서 시작하여 인간들의 부대낌의 시작과 끝, 그리고 달콤한 악순환의 반복과 부조리가 비극적이고도 관능적으로 전개되고 기록되며 사라집니다.

바람과 물의 흐름으로 상징되는 이 세계의 한복판과 변방을 통과하는 인간들의 검거나 하얀 메시지들. 망망한 바다를 앞에 둔 부두의 어둡고 쓸쓸한 저녁 풍경. 비루하고 외로운 뒷골목의 속삭임들. 짧으나 격한 호흡의 출발과 끝이 담긴 항구의 밤과 낮. 남과 여의 이야기.

탱고를 따라 흘러가고 잊힌 사람들의 이야기가 이탈리아의 클래식 기타 연주자 지암파올로 반디니와 반도네온 연주자 체사레 끼아끼아레타의 이중주에 의해 새로운 색깔과 농도로 그려집니다. 채도가 낮은 정물화와 피카소의 「게르니카」를 두 걸음 물러서서 동시에 감상하는 듯한 절제된 감흥이라고 할까요.

클래식 연주자로 권위와 지평을 열어 가는 두 남자의 음악 언어가 탱고라는 장르를 어떻게 이해하고 그 핵심에 다가가고 있는지 음미하게 됩니다. 무표정한 듯 그러면서도 우아함을 잃지 않은 신사의 절도 있는 발걸음과 향수에 젖은 시선. 무엇보다 탱고와 모든 음악은 결국 인간의 내면과 행동에 관한, 말로 대신할 수 없는 고백에 다름 아니기에 이 음반 『신사의 탱고Hombre De Tango』는 탱고 명곡과 더불어 인생의 뒷면을 반추하고 속 깊이 숨은 열정을 확인하는 즐거운 여행의 시작이 될 것입니다.

지암파올로 반디니 & 체사레 끼아끼아레타

클래식 기타리스트 지암파올로 반디니와 반도네온 연주자 체사레 끼아끼아레타가 만나 결성한 '듀오 반디니 & 끼아끼아레타'는 이탈리아를 넘어 유럽 전역 각종 무대에서 탁월한 음악성과 연주력을 갖춘 탱고 듀오로 명성을 얻고 있습니다.

지암파올로 반디니Giampaolo Bandini는 현재 이탈리아 최고의 클래식 기타리스트의 한 명으로 평가받고 있는데, 그가 결성한 기타 듀오는 '칼타니세타 시Citta Di Caltanissetta' 콩쿠르에서 유일하게 이년 연속 우승하기도 했습니다. 2003년에는 유명 기타 매거진인 『기타Guitart』에서 그해 최고의 이탈리안 기타리스트로 선정되었습니다.

체사레 끼아끼아레타Cesare Chiacchiaretta는 '페스카라 국립음악원Accademia Musicale Pescarese'에서 클라우디오 칼리스타Claudio Calista를 사사

했고, 피치니 음악원Conservatorio N. Piccinni을 1995년 수석으로 졸업했습니다. 현재 이탈리아를 대표하는 반도네온 및 아코디언 연주자로서 유럽의 여러 국제 콩쿠르를 통해 수상하면서 그 음악성을 인정받고 있습니다.

2002년 이들은 듀오를 결성한 후, 거장 리오 브라워Leo Brower의 지휘로 파르마의 파가니니 대극장에서 피아졸라의 협주곡 「리에쥬를 위한 오마주Hommage A Liege」를 연주하게 되면서, 곧장 세계의 주요 극장에서 국제적인 공연 프로그램으로 주목받았으며, 평단과 대중 모두에게 탱고의 새로운 아이콘으로 인정받았습니다.

주옥같은 탱고의 명곡들

1910년대부터 1980년대까지 발표된 탱고의 대표곡이 엄선된 이 앨범에서 총 열세 곡 중 역시 이탈리아 혈통의 탱고 거장 피아졸라의 것이 일곱 곡이나 됩니다.

우선 첫 트랙인 「반도네온Bandoneon」과 더불어, 연주 중에 임종 소식을 들었던 피아졸라 자신의 아버지를 향한 애틋한 정을 담은 망부가 「안녕 노니노Adios Nonino」의 클래식하고 비의적인 선율에서 듀오의 음악적 캐릭터가 드러납니다. 아련하게 멀어져 가는 아버지의 기억이 잘 표현된 연주입니다. 「와야 할 것Lo que Vendra」은 숨을 멈추며 폭포가 쏟아지듯 훑어 내리는 인트로의 강렬함과 대비되는 변화무쌍한 템포, 그리고 밀고 당기며 섬세한 감정의 선을 이어나가는 긴장감이 백미입니다.

「카페Cafe 1930」과 「나이트클럽Night Club 1960」은 피아졸라가 1980년에 플루트와 기타를 위해 네 개의 악장으로 만든 『탱고의 역사Histoire Du Tango』 가운데 각각 두 번째와 세 번째 악장에 해당하는 곡으로 선술집-카페-나이트클럽-콘서트의 공간과 20세기를 30년 단위로 나눈 시간의 의미를 담고 있습니다. 비탄과 우울 속에서 나른한 소망을 꿈꾸는 듯한 2악장과 현대적으로 탈바꿈한 나이트클럽의 화려함이 표현된 3악장의 경쾌함이 대비되는 이 곡들에서, 플루트 대신 멜로디 악기로 쓰인 반도네온이 더욱 남성적인 맛을 보여 줍니다.

피아졸라를 제외한 탱고의 거인들이 남긴 곡들도 훌륭한 연주와 함께 빛나고 있습니다. 조셉 라칼레 작곡의 「아마폴라Amapola」는 영화 『원스 어폰 어 타임 인 아메리카』에 소녀 데보라의 아름다운 춤과 함께 등장하여 더욱 사랑받은 곡으로, 향수를 자극하는 예쁜 멜로디의 원곡을 반디니 & 끼아끼아레타 듀오는 조금 더 복합적인 감정이 깃든 해석으로 애잔함의 깊이를 더합니다.

그 밖에 가장 널리 알려진 탱고의 명곡으로 1917년 우루과이의 G.H.M. 로드리게스가 작곡한 「가장행렬La Cumparsita」은 그 익숙한 선율과 리듬이 낡은 로망스를 자극합니다. 그리고 20세기 탱고의 산파역을 한 카를로스 가르델 작곡의 「머리 하나 차이로Por Una Cabeza」와 「당신이 나를 사랑하게 될 그날El Dia Que Quieras」 역시 『여인의 향기』를 비롯한 수많은 영화에 삽입되거나 여러 음악가에 의해 연주된 탱고의 고전으로, 유럽인의 취향이 다분히 깃든 1920년대 탱고의 소박한 낭만성을 담고 있는 곡들입니다.

2부
계절의
길목마다 꿈꾸고
흘러가다
Juss

냉랭하게
센티멘털하게
봄

팝의 황제 혹은 마법사의 짧고 강렬한 삶

마이클 잭슨Michael Jackson을 추억하며

'디스 이즈 잇This Is It.' 금세기 최고의 무대 퍼포먼스로, 마이클 잭슨의 마지막 공연이 될 뻔한 이벤트의 제목은 미완성이라서 더 여운이 남습니다. 화려하고 마술적이지만 스산하기도 한 문워크Moon Walk로 그만의 달을 향해 떠난 피터 팬 마이클 잭슨. 음악이 곧 인생의 전부였고 쉰둘의 삶 마지막까지 소년으로 살았던 한 남자. 뮤직 비디오가 주도하는 대중음악계에 전기를 마련한 어느 스타에 관한 다소 쓸쓸한 기억과 그가 산 생애의 빛과 그림자를 다시 따라나서는 일은 팝 음악의 로망에 잠시 젖게 할망정 즐겁기만 한 것은 아닙니다.

마이클 잭슨은 음악과 이벤트의 천재이자 박애주의자로 자신을 탄생시킨 세상에 자신의 모든 것을 주었지만 결국 멍에와 상처를 돌려받은 한 남자입니다. 숱한 추문과 오해와 가십의 주인공이자 공격 대상이었던 마이클 잭슨만큼 화려해 보이지만 실상은 고독하고 불안했던 스타도 드뭅니다. 그의 개인적 취향이 무엇이건, 그것이 혹 뒤틀린 취향이건, 그 기원이 어디인가에 대해 세상은 호기심을 가졌고, 환호와 함께 의심을 보냈지요. 그리 길지 않은 삶을 고단한 완벽주의자로 살던 만년 소년은 분명 이 질투와 소유로 점철된 불가사의한 세상의 집요한 타격에 지쳐 다른 별로 떠났을 겁니다.

20세기 후반을 장식한 어느 팝 스타의 삶이 우리와는 많이 동떨어진 독특한 것임을 알지만 이상하게도 화려함 뒤에 숨은 그의 어둠 또는 고독에 공감하게 되고 맙니다. 겪은 양상은 달라도 황색 저널리즘은 따뜻하고 연약한 사람들 편에 서기보다는 그들을 물어뜯는 일에서 이익을 찾는다는 걸 대략 알기 때문일까요.

늘 논란의 한가운데 있던 마이클 잭슨을 기억하는 사람들의 호평과 악평을 절충하여 정리하면, 조용하고 수줍고 겸손하고 독선적인 괴짜 천재. 아니면 끊임없이 '나는 도대체 뭔가?'를 되뇌는 가엾은 왕. 그것도 아니면, 창조주가 되고 싶어 한 가엾은 몽상가. 혹은 할 수만 있다면 어린이들을 위해 지구를 다 사고 싶어 한 비틀린 박애주의자 등으로 정의해도 될 듯합니다. 따지고 보면 어릴 때 아버지로부터 받지 못했고 간절히 받고 싶었던 자애로운 사랑과 물질적 풍요를 아이들-자신의 유년이 투영된-에게 선물하고 싶어 했기에 그는 결국 음악 외적인 논란 속으로 끌려 들어간 셈입니다.

전성기가 지난 마지막 몇 년 동안 마이클 잭슨이 저널에 공개된 사진을 보면 기괴하다는 느낌이 들 정도로 외모가 망가졌습니다. 물론 그 사진이나 영상을 촬영하고 보도한 대부분의 저널은 그에게 적대감을 가졌을 가능성이 크지만, 늘 쓰는 선글라스와 모자, 수술용 마스크 등에 가려진 핼쑥한 얼굴은 유전병이든 백반증이든 성형수술 후유증이든 정상적이고 평범한 사람의 그것은 아니었기에 이는 암암리에 부정적인 인상과 고정관념을 더욱 공고히 하도록 작용했습니다.

또한 그의 삶을 일찍 고단하게 만들었으며 만신창이로 만든 '아동학대 혐의(법원의 무죄 판결에 따른 사건 종결에도 불구하고)'에 관한 불확실한 추문은 덧없이 세상과 작별한 마이클 잭슨의 가장 불행한 그림자임에 틀림없습니다. 이는 MTV를 통해 그의 「빗 잇Beat it」이나 「데인저러스Dangerous」 「스릴러Thriller」 등을 보며 새로운 판타지에 매혹되었던 팬들에게도 마찬가지입니다. 어쩌면 이 세상은 자기들이 좋아하지 않거나 거북해하는 대상에 대해서는, 그가 대중의 사랑을 받는 존재일수록 집요한 저주와 시비를 보내는 사람들의 집단과 궁리로 데굴데굴 굴러가는 곳입니다. '아동 학대'라는 불유쾌한 단어를 서슴없이 입에 올리면서. 그럼에도 그의 죽음은 21세기 사상 인터넷 검색 전체 2위를 기록한 충격적인 사건이 되었고, 온 세계가 눈물을 흘렸으니 마이클 잭슨의 스타성은 아무도 부정할 도리가 없겠지요.

모 타운Mo Town 레코드에서 잭슨 형제들이 첫 오디션을 보던 1968년의 어느 날, 형제 가운데 막내인 꼬마 마이클은 스모키 로빈슨Smokie Robinson의 「후즈 러빙 유Who's Loving You」를 마치 평생 동안 가슴 쓰린 상처를 안고 살아온 남자가 된 것처럼 비애와 열정을 절절이 담아 불러 장차 팝 음악에 찾아올 혁명과 개인적인 어둠을 예고했습니다.

사랑은 늘 고통과 함께 옵니다. 많은 사람의 사랑을 받았기에, 그리고 그만큼의 사랑을 돌려주었기에 마이클 잭슨에게는 시기와 조롱이 뒤따랐습니다. 그가 가난한 흑인 가정의 막내 출신으로 오로지 음악적 재능 하나만으로 성공의 맨 윗자리에 오른 것을 그냥 받아들이기는 도저히 거북해서 못 견디는 이들이 있기 마련입니다. 마이클 잭슨의 「타블로이드 정키Tabloid Junkie」란 곡의 가사는 그가 언론에게서 받았던 의심이 얼마나 깊은 상처와 분노를 야기했는지 적나라하게 보여 줍니다.

'추측하라, 네가 증오하는 사람을 무너뜨리기 위해.
스캔들을 만들라, 당신들의 언어로.
당신들은 흑백논리에 기생하는 기생충들이야.
중상하라, 당신들은 이게 죄가 아니라고 말하지.
하지만 당신들의 펜 끝으로 사람들을 고문하고 있잖아.'

오프라 윈프리, 타이거 우즈, 버락 오바마가 등장하기 전에 그는 이미 음악으로 유색 인종이 미국 사회에서 장벽을 깨고 인정받는 문화를 만든 인물입니다. 그 전후에도 늘 인종이나 성별, 계급, 취향의 장벽이 온존하는 시대에 가장 민감한 충돌의 한가운데서, 가장 온건하고 부드러우면서도 가장 치열한 방법으로 정면 돌파했던 그는, 금세기 팝 문화의 아이콘을 넘는 존재로 기록될 것입니다. 음악과 산업의 가늠자가 되는 역사적 인물 말입니다. 어쨌든 마이클 잭슨은 모든 걸 다 걸었고 모든 걸 다 보여 주고 떠났습니다. 두려움과 공포, 그리고 치유와 사랑에 관한 그의 체험에서 나온 이야기와 메시지는 그가 떠난 이후에도 지구 곳곳에서 계속 작용하고 꽃을 피울 것입니다.

마이클 잭슨이 언젠가 던진 이 말이 깊은 울림으로 다가옵니다.

"사랑받고 있음을 알면서 이 세상에 태어나고 사랑받고 있음을 알면서 이 세상을 떠난다면 그 사이에 일어나는 일은 무엇이든 견딜 수 있다."

이제 달에는 문 워크의 주인공의 이름을 딴 분화구가 하나 있습니다. 레오나르도 다빈치, 콜럼버스, 아이작 뉴턴, 율리우스 시저, 쥘 베른 등과 이름을 나란히 한 채. 달공화국협회라는 임의단체에서 부여한 상징적 이벤트에 불과하지만, 그는 그 수억 개의 달 분화구 중에 하나쯤 소유해도 좋을 사람입니다. 거기에 영혼을 안식하든 미처 마치지 못한 공연장 주위를 떠돌고 있든, 마이클 잭슨이라는 인물은 당대의 혁명가 못지않은 아우라를 품는다는 데 이의를 달기 힘들 것입니다. 이왕이면 늘 사람들이 생각하지 못한 판타지를 창출해 낸 그답게 달로부터 환생하는 쇼를 생사와 시공을 초월해 한번쯤 보여 주면 어떨까 하는 어린애 같은 생각도 해 봅니다.

무자비한 달과 별의 무상한 노래

라드카 토네프Radka Toneff의 『동화Fairytales』(1982년)

소음이 너무 많습니다. 살기 위해 내는 생존의 소음도 많지만 이유 없이 뿜어내는, 없는 게 나은 소음도 많습니다. 밤이 좋은 것은 그나마 대부분의 활동체가 잠들기 마련이라서 그 고요의 공간을 잠시라도 누릴 수 있기 때문입니다. 어떤 의미에서 밤은 실패자의 시간입니다. 밤은 상처 입은 자의 시간이며 기다림의 시간입니다. 밤에 자는 잠은 부활을 위한 이완입니다.

소음 가운데 가장 시끄러운 것은 인간의 목소리입니다. 공사장에서 나는 기계의 굉음은 철과 흙, 콘크리트 등이 부딪혀 내는 무생물의 파열음일 뿐입니다. 그러나 인간의 목에서 나오는 소리는 아무리 작아도 무언가 의미를 담고 있기에 때로 더욱 요란하고, 무섭고, 잊히지 않습니다. 이러저러하게 다양한 인간의 소리가 넘치는 봄입니다.

인간의 소리가 가장 시끄러울 때는 바로 싸울 때입니다. 그리고 그보다 더 시끄러워서 도저히 들을 수 없을 때가 언제냐면, 거짓말할 때와 자기모순을 감추기 위해 누군가를 모함할 때입니다. 역사상 수많은 거짓말과 모함 속에 선과 정의가 주저앉거나 사라져 갔습니다. 죽은 정의와 선을 추억하거나 참회하는 눈물이 섞인 목소리는 미약하되 아름답습니다.

땅과 머리 숫자를 놓고 벌이는 힘겨루기와 증오의 카니발이 밤하늘의 별과 달을 눈물짓게 합니다. 미약함을 스스로 알며 하늘 아래 살아 있음과 별과 달을 볼 수 있음을 고마워하는 인간의 마음이 그리워 그렇습니다.

달은 항상 같은 면을 지구에게 보여 줍니다. 같은 달무늬만 이곳에서 볼 수 있는 까닭은 달의 앞면이 언제나 지구를 향해 있기 때문입니다. 토끼를 볼 수 있는 곳도 달의 앞면입니다. 영원히 지구에서 볼 수 없는 달의 뒷면은 곧 '단절'과 '분리'를 상징합니다.

「Moon Is A Harsh Mistress」, 달은 잔인한 여왕이랍니다. 1974년

지미 웹Jimmy Webb이라는 음악가가 쓴 가사에 따르면, 달은 황금과 같이 뜨거운 듯 보이지만 가까이 하기에는 너무 차가운, 그래서 잔인하게도 유혹하는 여왕처럼 보인답니다. 달 뒷면 거주민의 반란을 다룬 동명의 SF소설에서 강력한 전자기장으로 지구를 공격하려고 무자비한 무기를 준비하는 광경은 역설 이상입니다. 보이지 않는 곳을 외면하는 일이 지속되면, 불행이 돌아오는 것은 순리입니다. 보이지 않는 곳에 열쇠가 있는데도 그곳을 볼 수 없는 것, 그것이 인간의 영원한 딜레마입니다. 사랑도 그렇고 돈도 그렇고 권력도 그렇고.

70년대 중반 잠시 스칸디나비아 재즈계에 새로운 별로 주목받던 노르웨이 출신의 라드카 토네프Radka Toneff. 그녀는 불과 30년의 생을 살다 갔습니다. 정확한 사인도 밝혀지지 않은 채 갑자기 불귀의 객이 된 그녀. 한참 음악의 세례를 만끽하려던 무렵에 죽고 말았습니다. 단지 남아 있는 건 가녀리고 마른 목소리로 부르는 밤의 노래들뿐입니다. 팻 메스니Pat Metheny와 찰리 헤이든Charley Haden의 기타 연주로 마음 깊이 흑백사진처럼 박혀 있는 「Moon Is A Harsh Mistress」의 쓸쓸함은 너무 일찍 세상과 이별한 라드카 토네프의 음성을 타면 느리게 움직이는 짧은 흑백영화가 됩니다.

『서푼짜리 오페라』 등의 뮤지컬 작곡가로 이름 높은 독일의 쿠르트

바일K. Weil의 「별들 속으로 사라지다Lost In The Stars」를 부르는 라드카 토네프는 사라지는 인생 뒤에 남아 있는 화려한 소망의 헛됨을 노래합니다.

사랑의 간절함을 묘사하는 데 「마이 퍼니 발렌타인My Funny Valentine」만큼 짙게 와 닿는 곡도 없을 겁니다. 아침도 밤도 다 지나고 시간 너머로 떠난 그녀의 마른 목소리가 못다 한 사랑의 저편에서 속삭입니다. 아쉬움과 무상함을.

토네프 자신이 작곡한 「헛된Wasted」은 삶의 무상함에 관해 마지막 편지처럼 토로합니다. 더 이상 남지 않은 속세에 대한 미련을 터는 느낌입니다. 자신의 내면을 너무 진하게 퍼 올린 음악 그리고 우울증. 유럽 재즈의 큰 별이 되려다 일찍 저물어 버린 그녀 또한 음악 따라 가 버린 사람 중 한 명입니다. 그녀가 남긴 '동화'들은 쓸쓸하고 아름답습니다. 살아 있는 동안 비록 다가갈 수 없는 잔인한 밤의 여왕일지언정 달과 좀 더 친해져야겠습니다. 삶의 열정을 다 태우는 동안 우리의 동화 또한 어디선가 쓰이고 있을지 모르지요.

새벽 너머 들려오는 사랑의 목소리

올리비아 이미Olivia Hime의 『깊은 새벽Alta Madrugada』(2004년)

내 영혼의 색깔은 짙은 푸른색

날이 밝아 온다. 저 거리, 달의 그림자 아래에서

동트기 전 고백한다.

나는 당신의 것이라고…….

— 「깊은 새벽Alta Madrugada」중에서

새소리에 잠이 깬 아침. 잘 기억나진 않지만 길고 무거운 꿈을 꾸었습니다. 얼굴은 보이지 않는데 저만치 떨어진 곳에서 나를 바라보는 사람의 시선이 느껴집니다. 내게 다가오지 못하고 서성거리는 시선. 다가가려고 해도 어느새 없어져 버리는 타인의 시선입니다. 누구였을까. 내 앞으로 다가와 눈을 마주치지도 못하고 저편으로 떠나지도 못하는 존재. 그 쓸쓸한 그림자가, 들리지 않는 작은 목소리가 잠시 멍하게 합니다. 혹시 과거로부터, 그 어느 광포하거나 절실하던 지점에서 떠나지 못하는 나의 무의식은 아니었을까. 언제나 흐린 날에 비가 내리는 날만 계속되는 것 같은 트라우마에서 떠나려고, 잊어버리려고 필요 이상으로 애쓰는 자신의 그림자는 아니었을까.

시간이 흐르면 기억은 물처럼 흘러갑니다. 너무 많이 흘러가 버려 쓰린 기억의 흔적조차 그리워질 때쯤 그것은 때로 마술처럼 역류하고, 미처 떠나보내지 못한 혹은 미처 알지 못한 진실이 비가 되어 내릴 때 신열을 경험하게 합니다. 누군가가 너무 그리워서 살아 있는 것마저 힘들 때, 그리고 그러지 말아야 할 때 우리는 길을 떠나곤 합니다. 여행이든 방랑이든 귀향이든.

하늘은 파랗고 나무의 새순은 귀여운 색깔을 띠기 시작하고 들판의 잡풀들 또한 초록으로 돌아오기 시작하는 이 찬란한 봄날은 오히려 비현실적입니다. 더 많은 세월이 물처럼 흘러가거라……. 나의 열정이여 슬픔이여 기억이여, 몽당연필처럼 침묵하여라. 작아지고 스며들어 아무것도 걸리지 않은 하얀 벽처럼, 흔들리지 않는 관음여래의 시선처럼 저 너머를 조용히 응시하여라.

'사랑'이 지나간 자리에는 어김없이 망각과 함께 이전에 가지지 못한 용서와 이해 또한 데이지 꽃처럼 피어납니다. 크고 화려하게 피지 못하고 쥐방울처럼 작고 동그랗게 쑥스럽게 핀 분홍색 데이지 꽃을 바라보면 그 겸손한 아름다움 앞에 분노와 질투가 무색해집니다.

나이가 들수록 허리는 굽어갈지언정 마음의 샘이 깊어지는 건 누구나 그 밭에 떨어진 꽃씨 때문입니다. 겸허히 가꾸면 아름답고 드넓은 꽃밭이 될 것입니다. 지나간 시간의 사랑은, 열정은 오랜 후에 꽃씨가 되어 시간의 터널을 타고 돌아올 테지요. 까만색으로 말랐으나 물을 주고 좋은 흙에 심어 주길 기다리는 꽃씨와도 같이 우리를 이해하고 위로하는 노래가 들립니다. 브라질 사람, 올리비아 이미Olivia Hime. 브라질의 현대 시인들의 별빛 같은 시를 수려하게 노래해 온 아름다운 그녀입니다.

동시대 브라질인의 위로자이며 MPB(Musica Popular Brasileira, 브라질 팝 음악)을 문학의 경지로 끌어올린 고故 비니시우스 지 모라이스Vinicius de Moraes, 톰 조빙Tom Jobim, 쉬꾸 부아르끼Chico Buarque, 도리 까이미Dori Caymmi 등 큰 별들이 선사한 음악과, 그녀의 평생 반려자이자 탁월한 작·편곡자인 프란시스 이미Francis Hime가 쓰고 다듬은 우아한 곡 안에는 고대와 현대의 오솔길이, 그 길에 켜진 환상적인 가로등이 은은하게 빛납니다.

쓸쓸하지만 겸손하고 아름다운 꽃밭에서 목관악기와 현 그리고 피아노가 향기로운 음률을 분사하고 꽃밭의 주인인 올리비아 이미는 용서와 이해로 지나온 길에 대해, 기다림과 열병에 대해 진지하고 천천히 따뜻하게 노래합니다. 아침 햇살을 받으며 푸석하게 시작한 시와 노래의 꽃밭은 금방 저녁노을이 물드는 바다가 됩니다. 이윽고 깊은 밤 출렁이는 별빛 아래서 그녀의 노래들은 잊어버린 목소리가 되어 당신과 나의 쓸쓸한 등을 감싸 줄 것입니다.

오늘밤에는 꿈에 데이지 꽃 몇 송이를 쓸쓸하던 그 누군가의 그림자를 위해 심어 볼까요? 그것이 사랑이든 회한이든, 용서하고 위로하고 화해하고 싶다면.

> 오늘 보도 위로 드리워진 달은 옛 친구와 같아.
> 하지만 이토록 오랜 세월이 흐른 후 달빛 가득한 밤에
> 나는 여전히 이 발라드를 기억한다…….
>
> —「지난 이야기Historia Antiga」중에서

유리알처럼 맑은 아침, 헤세에게로 산책하는 피아노

베른바르트 코흐 Bernward Koch**의 『몬타뇰라**Montagnola**』(2003년)**

앞집 마당에 활짝 핀 목련을 훔쳐보다가 문득 이곳이 내가 꿈꾸던 사막이 아닐까 하는 망상이 떠올랐습니다. 목련 주위에는 아직 새순조차 돋지 않은 앙상한 나뭇가지들이 어색하게 호위하고 있습니다. 어수선하고 탁하기 짝이 없는 세상의 끝없는 소요에 서서히 퇴락해 가는 군상의 그림자를 피해 달아나는 것이 습관처럼 되었는지, 여태 앙상한 나무들과 그것을 바라보는 내가 중앙아시아의 사막 어느 곳에 떨어진 어색한 생명들과 흡사합니다. 황사가 섞여 있으나 그래도 가까스로 회색에 가까운 푸른색을 띤 하늘을 등지고 인공적인 느낌을 자아내며 피어난 목련은 마치 마그네틱으로 만든 것 같습니다.

새들이 지저귀지만 한갓 배고픔의 신호에 불과할지 모릅니다. 삶에 지쳐 가고 인간에 지쳐 가는 시간이 무겁습니다. 목련도, 나무도, 새도 고단해 보입니다. 황사가 온다지만 창을 열고 그들에게 음악을 들려줍니다. 땅속의 물길처럼 스며들어 가는 느린 피아노. 어설픈 햇빛보다는 시원한 빗줄기가 더 그립습니다.

제1차 세계대전의 광기에 잠식되어 가는 조국에 환멸을 느끼던 헤르만 헤세가 망명길에서 버린 것과 얻은 것은 무엇이었을까요? '한낮이 뜨겁고 혹독하면 저녁이 이를 불쌍히 여기고, 밤이 포근하고 부드럽게 어머니처럼 감싸 준다.'고 노래한 헤르만 헤세에게는 전쟁에 광분하던 독일 사회의 결핍이 적이었습니다. 그 난폭한 외부 세계의 현실은 무질서한 오류로 다가왔을 겁니다. 결국 자신의 내면으로 침잠할 때라야 해답에 근접하게 된다는 정신적 이정표가 세워졌겠지요.

구름과도 같이 이곳저곳을 돌아다니며 떠돌이 생활을 한 헤르만 헤세. 그는 결국 반전문학 운동을 벌이다 쫓겨나듯 스위스로 떠납니다. 그렇게 정착한 곳이 남부 스위스의 몬타놀라 언덕입니다. 해발 467미터의 고지에 있는 몬타놀라는 황금의 언덕이라 불릴 만큼 경치가 일품이랍니다. 산들이 둘러싼 루가노 호수와 시가지가 내려다 보이는 절경은 표현할 수 없을 만큼 아름답다고 하지요. 그 언덕에서도 가장 높은 곳에 헤르만 헤세가 살던 집이 있습니다. 망명 후 죽을 때까지 43년 동안 산 마지막 집. 글 쓰는 것보다 정원 가꾸는 것을 더 즐겼던 시절입니다.

정원의 풀을 뽑으며 명상 유희를 했던 헤세에게 몬타놀라의 삶은 실은 고난에 찬 것이었으나 결코 명랑함을 잃지 않았습니다. 『데미안』이나 『유리알 유희』 『싯다르타』 같은 보석들이 그때 태어났으니까요. 헤세는 또한 이곳에서 2천 점이 넘는 밝고 아름다운 수채화를 그렸습니다.

독일의 피아니스트 겸 작곡가 베른바르트 코흐Bernward Koch는 몬타놀라에서 헤세가 그린 수채화들처럼 맑고 투명한 사유와 내면의 공명을 아름답게 재현합니다. 헤세의 많은 시가 작곡가들에 의해 음표로 음악으로 재현되었습니다.

베른바르트 코흐는 독일의 외딴 숲속에서 명상과 독서와 작곡에 파묻혀 사는 음악가입니다. 그는 헤세의 시대정신과 작품에 매료된 사람이며, 그의 피아노는 몬타놀라에서 생을 보낸 헤세의 43년간의 은둔과 명상과 고독에 관한 또 다른 페르소나입니다. 그가 이끄는 대로 몬타놀라 언덕의 오솔길을 따라가 봅니다. 그 옛날 바흐가 선사했던 명상과 영혼의 합일, 그리고 모차르트의 명랑성과는 또 다른 느낌입니다. 조용한 저녁, 고뇌의 터널을 지나고 창밖을 바라보는 듯한 평온한 고독을 공유하게 됩니다.

황사에 차 뿌옇고 내일이 막막한 봄날, 당신과 나의 마음도 망명의 충동 안에 부유하고 있을 테지요. 베른바르트 코흐의 진중하나 무겁지 않게 건반을 두드리는 소리에는 밝고 어두운 세계 모두를 지닌 영혼의 소지자에게 통하는 '공명에의 말 없는 권유'가 있습니다. 맑은 공기, 새들의 지저귐, 바람에 흔들리는 나뭇잎, 거기 달린 물방울, 그리고 폭풍 같은 세월의 벽.

「평화는 오리라Peace Will Come」「시간의 파도Waves Of Time」「몬타놀라Montagnola」「아브락삭스로의 비행Flying To Abraxas」을 들으며 기다림의 공간을 넓히렵니다. 거기서 누구나 헤세가 되기를.

월든 호수의 잔물결 앞에서 스트라디바리우스를

커트 베스터 Kurt Bestor**의 『스케치**Sketches**』(1997년)**

브래드 피트가 출연했던 영화 『흐르는 강물처럼A River Runs Through It』을 기억하겠지요? 아버지와 두 아들이 자연 속에서 적응하며 살아가는 법을 함께 익히고 배웁니다. 특히 플라잉 낚시하는 장면은 마치 도가 사상을 위한 뮤직 비디오를 보는 것처럼 오묘한 고요를 느낄 수 있습니다. 로버트 레드포드 감독의 깊은 성찰이 돋보이는 '뉴에이지' 영화라고 할 수 있겠네요. 몬타나의 아름다운 계곡과 강물 속에서 삶의 소박한 원리를 느끼며 나이를 먹어 가는 가족의 모습은 드넓은 자연에의 적응과 성장이라는 미국인의 전통 윤리와 맥을 같이하지요.

경기도 포천에 있는 국립수목원에 보슬비가 내리는 날 가 본 적이 있나요? 작은 개울가의 다리를 건널 때 빗방울은 머리 위의 우산을 톡톡 건드리다가 야트막한 개울 위에 퐁퐁 떨어집니다. 연두색으로 물이 오른 수목들이 겸손하고 튼튼하게 자라고 있는 숲길을 오르내리며 야멸친 시간을 잠시 잊을 수 있습니다. 이맘때처럼 꽃과 이파리들이 활짝 핀 오월에는 더욱 싱그러울 것입니다.

영화를 통해서든 수목원 길을 걸으면서든 우리는 고달픈 세상살이에서 잠시 동안이라도 벗어나 고요와 성찰의 공간을 맛보길 원합니다. 어디로 가는 건지, 어디에서 왔는지, 인생의 목표와 의미는 지금 눈앞에 있는 것이 다인지, 더 크고 깊은, 혹은 더 작고 낮은 세상은 우리 안에 있는 것인지, 나무와 바람과 흙과 물 사이에서 들려오는 투명한 울림 안에서 그 대답을 듣고자 합니다.

『월든』의 작가 헨리 데이비드 소로우Henry David Thoreau가 추구했던 월든 호숫가에서의 소박한 삶은 광기로 가득한 세상의 혼돈을 피해 자연의 질서와 조응하는 자신의 내면과 고독하게 만나고 싶어 하는 이들의 로망입니다. 시간이란 단지 그 안에 들어가 낚시를 하는 흐르는 개울일 뿐이라고. 깊게 들이마신 고독으로 하늘을 낚으며, 하늘의 바닥에 있는 별들을 낚으며, 새와 물고기와 호수의 유리 같은 물결을 관조하던 소로우. 그의 오두막이 있는 곳으로 살며시 다가가 봅니다.

소로우가 살고 집필하던 오두막 그리고 고요하고 소박한 숲속의 호수, 그곳으로의 차원 이동에는 친구들이 함께합니다(「하늘을 낚으며Fishing The Sky」). 위대한 바이올린 장인 안토니오 스트라디바리우스Antonio Stradivarius, 그가 만들던 바이올린의 밑그림이 바람에 날려 와 이곳에서 슬픈 멜로디를 새벽안개처럼 흩뿌립니다(「스트라디바리우스Stradivarius」). 새들의 모습을 스케치하면서 미국의 야생 환경 안으로 들어간 여행자 존 J. 오더본John J. Audubon의 새에 관한 명상도 어느새 스며들어 오고(「파스텔 날개 위에서On Pastel Wing」), 소년 시절에 당한 화상을 딛고 올림픽 만 미터 육상 경주에서 금메달을 차지한 아메리카 인디언 빌리 밀스Billy Mills의 영혼도 도저하게 걸어옵니다(「윈드 러너Wind Runner」).

커트 베스터Kurt Bestor, 미국의 다큐멘터리 필름 음악가이자 피아니스트인 그는 천재적인 예술가, 발명가, 탐험가, 소설가, 그리고 몽상가들에게 바치는, 그들의 공간과 시대와 내면으로 고요히 스며드는 음악을 만들었습니다. 레오나르도 다 빈치가 남긴 '날아가는 기계' 스케치(「레오나르도의 스케치로부터From Leonardo's Sketchbook」), 노예 출신으로 시민권과 여성의 권리를 위해 싸웠던 소저너 트루스Sojourner Truth의 일생(「엄마, 눈물 흘리지 마요Mama, Don't You Weep」), 농부이며 발명가였던 필로 T. 판스워스Philo T. Farnsworth가 착안한 텔레비전의 아이디어(「일렉트론과의 로맨스A Romance With Electrons」) 등은 정성껏 만들어진 다큐멘터리 영상을 보는 것처럼 아름답습니다.

인류 역사가 발전하는 것이라면 그것에 누구보다 선명히 복무했을 장인, 몽상가, 자유인에게 바치는 커트 베스터의 이 입체적인 선율은 그들이 남긴 작은 메모와 스케치에서 영감을 받았다고 합니다.

뿐만 아니라 끝없는 전쟁의 광기 속에서 죄 없이 총탄에 죽어 가는 어린이들의 파괴된 꿈이 다시 살아날 날을 기원하는 간절한 노래(「어린이의 기도Prayer Of The Children」)는, 커트 베스터가 한때 살았던 유고슬라비아에서의 피비린내 나는 민족 분쟁이 계기가 되어 만들어졌습니다. 이보다 더 나쁠 수 없는 지금, 지구촌의 평화는 신음 중입니다.

솔트레이크시티 동계 올림픽의 폐막식 음악을 짓기도 했던 커트 베스터의 이 곡들은 한낱 뉴에이지 음악이라고만 불리기에는 아쉬운 점이 있습니다. 오히려 이 세계가 지닌 상처에 대한 깊은 공명이 느껴지는 희망의 메시지라고 해도 좋겠습니다. 그가 그려 낸 자연과 사람에 대한 스케치는 언젠가 뉴에이지 음악의 역사가 인문학과 조응하는 지점을 만들 것입니다.

사라진 격정, 우아하고 쓸쓸한 흔적들

리카르도 꼬치안떼 Riccardo Cocciante**의 『소녀 마르게리따를 위한 협주곡**Concerto Per Margherita**』(1976년)**

가야 할 때가 언제인가를 분명히 알고 가는 이의 뒷모습은 얼마나 아름다운가.

봄 한철 격정을 인내한 나의 사랑은 지고 있다…….

고故 이형기 시인이 남긴 『낙화』의 첫 구절은 아마도 이 세상의 일원으로 태어난 사실에 대해 한번쯤 깊이 생각해 본 모든 이에게, 오래된 격정과 도피의 우아하고 쓸쓸한 부호로 남아 있습니다. 시에 절대적 가치란 없으며 자꾸 다른 곳으로 가는 팔자를 타고난 자들이 시인이라고, 세계와의 화해를 거부하고 끊임없이 절망을 확인할 때만 꿈은 꿈으로써 존재한다고 시인은 설파하고서 영원히 자유로운 다른 곳으로 떠났습니다.

한때 시인의 인생을 꿈꾸던 음악 칼럼니스트의 저렴한 귀와 심장에 못질을 하는 듯한 이 알 수 없는 동통은 먼 옛날 언젠가 격정을 인내한 사랑의 마지막 흔적조차 사라지는 소리일까요. 아니, 기껏해야 낡아서 입지 못할 옷처럼 마음속 깊이 담아 두었던 연민과 집착의 그림자가 바스락거리며 떨어지는 소리입니다. 이 세상의 불가해함에 대하여, 거미줄 같은 인연의 잔인함에 대하여, 그러나 독배처럼 피할 수 없던 그 달콤한 충동과 과장의 유혹에 대하여 읊고 싶어 터질 듯하던 열망이 벼랑 끝에서 제풀에 무너지는 몰락의 소리 같기도 합니다.

이왕이면 근사하게 추락하고 싶은 타나토스의 열망이 바로 허망하되 자유로운 청춘의 모습입니다. 아무도 못 말리는 80년대의 시대정신에 거의 모든 에너지를 빚진 채 그늘에 숨어 21세기를 영위하는 동안 그 못 말리는 에너지와 고집은 이전에 떠나 간 소년기의 뒤를 따라 추억의 귀향을 하고 있을까요. 아직은 늦지 않았다고 외치는 소리가 들려옵니다. 격정과 자유와 사랑의 이름으로 헌신하던 시간의 찬란함과 유치함에 이젠 좀 관대한 마음으로 건배.

세계와의 화해를 거부하고 절망을 확인하며 꿈을 꿈으로 지키는 자가 시인이라고 말한 저 낙화의 시인에게, 그리고 그 절망의 역설에 동참하는 젊음들에게 귀띔하고 싶은 음악이 있습니다.

가파른 운명의 벼랑에서 자유와 사랑에 목말라 노래하고 춤추던 이국 청년들의 풍경을 생각해 봅니다. 1970년대 이탈리아는 트로츠키에 매혹된 문학 청년들, 노동자들의 열정과, 자유에 목마른 낭만주의자들이 펼친 예술이 꽃피거나 혹은 좌절한 시대입니다. 이른바 아트 록의 르네상스라 불리는 시기입니다. 실험적인 사운드나 서정적이고 아름다운 칸초네 음악 못지않게 지중해의 감성으로 음유하던 시인의 음성, 비관적으로 절규하던 염세주의자들이 있었습니다. 그 곁에는 뛰어난 예술적 영감으로 수많은 곡을 만들어 부르던 깐따또우레(음유시인)들이 혁명 정신으로 뜨거운 청년들의 몸과 마음을 촉촉하게, 또는 불처럼 휘감았습니다. 압제와 권위와 전통을 혁파하려는 자유정신이 기막힌 은유와 드라마적 상상력으로 노래에 실려 분수처럼 솟아오르던 아트 록의 향연 한쪽에, 리카르도 꼬치안떼 Riccardo Cocciante가 있습니다.

70년대 초, 이탈리아 공동체의 비전을 고뇌한 젊은 이상주의자이자, 넘치는 음악의 에너지를 감당하기에는 너무 자유로운 상상력을 가졌기에 남들이 가는 길에서 늘 벗어났던 외골수. 사회적 긴장이 압축된 음악 속에는 열악한 현실에 비해 넘치는 이상이 늘 불균형이던 유럽 청년의 뜨거움이 담겨 있고 록을 노래하는 빅토르 하라Victor Jara의 이미지가 있습니다.

그러나 결국 현실주의자 혹은 혁명가가 되기에는 너무 자유로운 몽상가의 영혼을 가진 그는 압제로 회귀한 이탈리아를 떠나 프랑스에 정착해서 뮤지컬과 영화음악에 빠져들었습니다. 20여 년의 세월이 지나, 빅토르 위고의 원작을 뮤지컬로 각색한 『노트르담의 꼽추Notre-Dame de Pari』의 음악을 발표한 그의 이름은 새롭고 낯선 뮤지컬 음악가로 환생했습니다. 한때 이탈리아 아트 록을 조용히 꽃피운, 그러나 이제는 이탈리아를 버린 그가 작곡한 뮤지컬은 서울에서도 공연되었지요. 어쩌면 '리카르도 꼬치안떼'에서 '리샤르 꼬시앙뜨'로 바뀐 어감만큼 세월도, 음악도 변했을 것입니다.

그러나 그가 1976년에 발표한 『소녀 마르게리따를 위한 협주곡Concerto Per Margherita』은 그리스 음악가 반젤리스의 도움을 받아, 클래식과 일렉트로니카의 교배라는 실험정신으로 만들어진 지중해의 서정시로, 시대를 앞서갔던 외롭고 빛나는 표지입니다. 지중해의 소녀 마르게리따에게 바치는, 혹은 「폭력Violenza」의 세월을 비웃는 「봄

Primavera」과 「겨울Inverno」의 찬란하고 우아한 노래들. 「아직Ancora」 완전히 오지 않은 자유와 우리 모두의 옛날을 위해 한 번 더 건배.

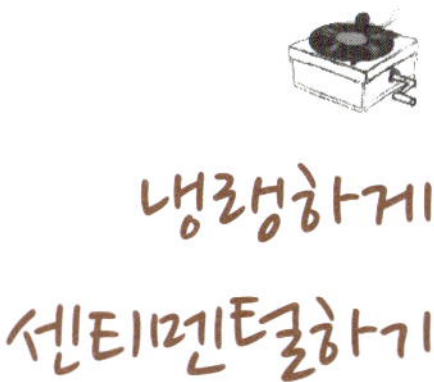

냉랭하게 센티멘털하기

닉 드레이크 Nick Drake**의 『브리터 레이터**Bryter Layter**』(1970년)**

황사만 아니라면, 모든 창문을 떼어 내고 봄의 기운을 속속들이 집 안으로 초대하고 싶은 요즘입니다. 여름에는 가을을, 가을에는 겨울을, 겨울에는 봄을 기다리는 것이 자연의 섭리일 뿐, 자연의 그 무엇도 우리가 선택하고 선별할 재주는 이 첨단과학의 시대에도 가능하지 않습니다. 온갖 재주를 다 부리고 컴퓨터의 신에게 제사를 올린다 해도 살아 있으면서 죽는 것, 그것을 뛰어넘는 원리는 없지요. 으르렁거리는 세계와 골목, 그 사이사이 무심하게 자란 커다란 나무에 달린 초록 이파리들의 태연자약이 부럽습니다.

영화 『아무도 모른다』를 보고 나서 오랜만에 술을 마셨고, 몇 년 만에 노래방도 갔습니다. 허기를 달래는 데는 술과 안주와 노래뿐이라는 누군가의 우스운 제안을 따라서. 기억나지 않는 옛 노래들의 희미한 멜로디를 복원하려다 포기하고 그냥 아직 혈기왕성한 자들의 포효와 열창을(노래방에서만 볼 수 있는 그 딱히 뭐라 할 말이 생각나지 않는 화면과 함께) 들었습니다.

상처와 위안이 함께 있는 영화나 음악은 우리 자신을 성장하게도 하고 무력하게도 합니다. 우리가 흠모하는 것과 혐오하는 것 사이에는 무엇이 있나요. 막상 별것도 아닌, 몇 그램의 무게조차도 되지 않는 소유의 욕망과 질투. 이제 현란하고 조악한 조명에 매캐한 담배 연기와 용기백배한 과도한 감정이 넘치는 노래방에 가는 일은 없지 않을까 싶습니다. 사랑하거나 분노하는 것에 관한 기묘한 감정과 기억도 초록색 나무 이파리처럼 춤추다 사라질 것입니다. 모든 사람들과 동식물에게 평화가 찾아왔으면 합니다. 잊히고 사라지는 것을 슬퍼하거나 분노하지 않는 마음의 평화가.

우울한 걸 잊어 보려고 항우울제 트립티졸을 과다 복용하면 죽는 걸 모르지 않으면서도 그럴 수밖에 없었던 이름들. 그 가운데 늘 친한 친구의 이름처럼 여겨지는 닉 드레이크Nick Drake입니다. 우울증,

까뮈의 『시지프스 신화』, 스물여섯 살의 삶, 죽음 이후에나 찾아온 추종.

몽상적이고 고독한 그의 노래는 지금의 이 무지막지한 소음의 시대에 만나기에는 너무 나직합니다. 피를 토하듯 적나라하고 절절하거나 불꽃처럼 화려하고 심장이 터질 듯 달려가는 음악에 남은 한 뼘의 자리마저 내준 지 오래입니다. 그러나 냇물같이 잔잔하고 봄바람처럼 심심하고 나른하고 심드렁한 닉 드레이크의 읊조림이 있어 고단하지 않습니다. 은둔자의 즐거운 놀음. 속삭이는 그림자의 유혹. 그의 지독하고 냉랭하기 짝이 없는 고독이 내게는 위안을 줍니다. 이러한 역설 또한 자연의 섭리일까요.

도시의 밤, 그 황량한 사막을 걷는 장미꽃. 세상과 자신을 단절시키고 자기 내면으로, 그곳의 빛과 어둠 안으로 천천히 걸어 들어간 시인. 그 내면의 풍경들은 때로 꽃망울처럼 예쁘게, 낙엽처럼 쓸쓸하게, 폭우처럼 광포하게.

그는 생전에 공연 한 번 하지 않은 채 혼자만의 조용한 시간 속에서 시를 쓰고 스튜디오에서 음악을 만들었습니다. 페어포트 컨벤션과 함께 만든 두 번째 앨범 『브리터 레이터Bryter Layter』(1970년)는 그가 남긴 유일하게 따뜻하고 밝은 음악들입니다. 마치 마지막으로 맞은

봄 햇살처럼.

현대의 치명적인 부조리함에 질린 오늘의 세대나, 6~70년대의 고통과 향수를 가진 세대에게나 그가 내려놓은 고독하고 우아한 마지막 성찰은 가슴에 와 닿게 마련입니다. 혼Horn과 플루트, 잔잔한 기타와 스트링 앙상블이 오월의 봄에 만개한 꽃과 햇빛 속으로 인도하는 것 같지요. 아찔한 이 밝음. 그 뒤의 우리 시간에 덜컥 찾아올지도 모를 어두움에 대비하기 위해서라도 이 아찔함을 견뎌야 할 것입니다. 더 많은 햇빛과 꽃향기를 세포 속에 저장해 두어야 할 것입니다.

편집증, 욕망,
창백하고 우아한 유아기

차르The Czars**의 『굿바이**Goodbye**』(2005년)**

갑자기 주변에 적이 많아졌거나 현실이 핍진할 때 우리의 무의식은 더 화려한 꿈을 꾸곤 하지요. 뚜껑을 열기 전에는 그 안에 무엇이 잠자고 있는지 잘 드러내지 않는 비밀의 방은 파내려고 할수록 더 깊이깊이 지층 속으로 숨어듭니다. 사양하고 싶은 자유의 반어법일까요. 법 없이도 살 수 있을 만큼 때 묻지 않은 사람일수록 외부의 충격에 예민한 법입니다. 특히 믿었던 이로부터 배신당하거나 버려질 때. 그보다 더 치명적일 수 없는 순간은 누구에게도 설명하기 어렵습니다.

준비되지 않은 공황 속에 내던져질 때 우리는 젖먹이 아기같이 무력합니다. 윤색되어 있는 갖은 욕망과 결핍이 벌겋게 드러납니다. 찬란하게, 그리고 남루하게. 무의식의 속살이 드러나고 발각되는 것에 관한 지독한 두려움이 편집증입니다. 우아한 고독을 과다하게 음미하는 자일수록 사실은 그것에 사로잡혀 있습니다.

심지어 죽음이 멀게 느껴지지 않을 때가 있지 않습니까? 살아 있는 것이 무척 구차하고 고단한 때 말입니다. 원망 또는 질투와 회한과 외로움이 곪을 대로 곪았을 때 아티스트는 수명을 담보로 예술을 남기고, 감성과 안목이 있는 소비자의 컬렉션 목록은 늘어납니다. 역설, 그 공식에 따라 욕심과 허기도 증가하며, 수요와 공급의 아이러니가 지겹게 반복되다 보면 어느 지점에선가 편집증에 허우적거리던 아티스트나 이기적인 소비자 모두 달관하게 됩니다. 인생이 끔찍하게 재미없어지는 한이 있더라도 그저 고요하고 평화롭기를 기도하게 되는 지점이 언젠가는 오는 것이지요.

알란 파슨스 프로젝트Alan Parson's Project의 「암모니아 애비뉴Ammonia Avenue」의 묵시록적 감동, 라디오헤드Radiohead가 연주한 「엑시트 뮤직Exit Music」의 염세적 서사와 비유할 수 있을까요? 제프 버클리Jeff Berckley나 닉 드레이크Nick Drake처럼 구제할 길 없이 서늘하고 병약하고 센티멘털한 문법을 가진 이들은, 왜 하필이면 제정 러시아 시대 황제를 일컫는 '차르The Czars'라고 이름을 붙였을까요? 그 이름이 그럴듯하게 다가오려면 블랙메탈이나 일렉트로니카 그룹이어야 할 텐데 말이지요.

사실 이들은 음산한 북유럽이 아닌, 꾀꼬리 지저귀는 콜로라도 주 덴버 시 출신의 가난한 인디밴드입니다. 마치 유화물감 살 돈이 없어 유아기적 공황에 빠진 반 고흐처럼, 물질적 몰락과 표현에의 허기가 마지막 유서 같은 가사와 멜로디를 이들에게 선사했을까요? 왠지 어울리지 않는 제정 군주의 칭호는, 마초의 권위가 아니라 공기 좋은 로키산맥에서 상상력을 키운 예민한 문학 소년이 보여 주는 개인기, 도발을 연상케 합니다. 차르의 음악을 가리켜 햇빛 찬란한 황금색 옥수수 밭 사이를 행복하게 뛰어가다가 어느 순간 갑자기 누군가의 시체를 발견하는 느낌이라고 한 누군가의 코멘트는 좀 유미주의의 냄새가 나지만 그럴듯하지요.

의외로 답답한 상업적 관행이 지배하는 그들의 고향에서 환대받지 못한 그들은, 영국의 인디 레이블인 벨라 유니언Bella Union에서 세기말 청년들의 고단함이 묻어나는 명반들 『전에… 그러나 더 오래Before… But Longer』『추악한 사람 대 아름다운 사람The Ugly People VS. The Beautiful

People』『굿바이Goodbye』를 발표합니다.

지독한 감기에 걸린 듯한 목소리의 주인공 존 그랜트John Grant의 데카당스한 아우라가 마법사들의 레이블 벨라 유니언과 공명했을 테지요. 마치 태생부터 고독을 몸에 지닌 듯한 목소리와 느린 듯 에돌리지 않는 날카로움(단, 허스키한 비음을 가진 보컬리스트가 한두 명이 아닌 시대이므로 존 그랜트가 누구와 비슷하다는 식의 품평은 이제 별로 재미도 없고 효과도 없습니다).

진짜 흥미로운 것은 이 5인조 미국 인디밴드가 고생 끝에 런던에서 비로소 꽃피운 열매가, 그들이 분출하는 기운이, 포크 록-컨트리-블루스-슬로코어-슈게이징-어덜트 컨템퍼러리-재즈 등으로 복잡하게 엉켜 있다는 점입니다. 물론 어떤 스타일과 장르로 일컫든 그것은 일부 소비자나 중간 유통업자에게 중요할 뿐입니다. 팻시 클라인, 콕토 트윈스, 라디오헤드, 캬바레 볼테르, 탐 웨이츠, 칼렉시코, 라이드, 로우, 욜 라 텡고, 스테레오랩, 콜드플레이, 밥 딜런, 마일즈 데이비스 등이 차르의 복잡한 문법에 영양소가 되어 준 목록입니다. 먹고 싶은 것도 가리는 것도 많으며 웃지 않는 범상치 않은 소년. 그의 결핍과 편집증을 욕망하고 전염되는 것은 비슷한 증세를 가진 이들에게 면역력을 키워 줄지도 모릅니다.

불안과 혼돈으로 장전된 회색의 세계. 그 흔들리는 세계의 쓸쓸한 뒷모습. 서서히 부서지고 균열되어 가는 삶의 토대들. 부조리와 공황의 굉음에 몸과 정신이 몰락하는 영혼들. 그 모두에 촉수를 드리운 무의식의 바다. 세상의 변두리를 떠도는 약한 존재들이 유일하게 안위하는 바다. 치명적이기도 하고 가볍기도 한 트라우마가 석회질화되어 가는 마지막 시간을 담그며 치유의 주문呪文을 외우고 있을 겁니다. 차르의 우아하고 창백한 칭얼거림이 그 장대한 풍경 한 구석에 출렁거리고 있을지도 모릅니다. 전제 군주의 화려한 의상이 아닌 남루하고 얇은 아기 옷을 입고.

상처를 주는 동시에 위안을 주는 음악에 너무 익숙해지다 보면 자기연민이 쓸데없이 강해지겠지요. 하지만 편의점의 삼각 김밥처럼, 저렴하기 이를 데 없는 고통의 미학이 우리네 인생에 선명한 표지를 남길 때에도 기묘한 쾌락을 구가하는 것 아니겠어요.

그가 기록한 심연의 풍경

존 로드Jon Lord의 『음표 너머Beyond The Notes』(2004년)와 『내면의 풍경Pictured Within』(1999년)

새벽 두 시. 골목 안 풍경은 늘 그렇듯 진공 상태와 같지요. 달빛이 하얗지만 그 그림자가 우울해 보입니다. 무표정한 밤 골목. 그러나 가끔은 잠들지 못하고 무언가 낮에 못다 한 자기만의 시간을 보내고 있을 불 켜진 창문이 있겠지요. 누가 무엇을 하고 있을지 모르는데도 반가운, 그러나 쓸쓸해 보이는 불빛. 목적지도 이유도 없이 걷는 밤 골목 산책은 이름 모를 외로운 불빛들과의 조우만이 내가 걷고 있음을, 숨 쉬고 있음을 느끼게 합니다.

문득 저 앞에서 들려오는 노랫소리. 불 켜진 곳이라고는 보이지 않는 낡은 건물 일층에 작은 스피커 하나가 달려 있습니다. 거기서 흘러나오는 음악 소리. 누가 틀어 놓았을까요? 살풍경한 밤길과는 좀처럼 어울리지 않는데도, 살아 있는 사람의 그림자보다 더 따뜻하게 느껴집니다. 밤길을 걷는 도시의 고단한 나그네들을 위해 누군가 선물한 것일까요? 작고 낡은 스피커에서 또 무슨 멜로디가 흘러나올까 궁금해집니다. 그 앞에 서서 잠시 그 열악한 음악 소리에, 오가는 빈 택시 소리에, 오월인데도 싸늘한 밤공기에 젖어 갑니다.

아무도 보는 사람 없지만 그렇게 한동안을 서 있는 것이 어색해집니다. 잠시 동안 가진 나만의 시간, 그러나 알 수 없는 누군가와 함께한 것 같은 시간. 발걸음을 떼자마자 마음속에 서운함이 스며듭니다. 천천히 마치 실험실에서 몰래 나온 미완성 인조인간처럼 무뚝뚝하게 또 걸어갑니다.

이 밤에 몇 개 되지 않는, 그리고 익숙한 불 켜진 창문이 하나 벌써 눈앞에 다가옵니다. 주소보다는 귀소 본능이 앞서는 나의 집 앞. 걷고 걸어도 세상에서 만나는 것 가운데 가장 익숙한 것은 어쩔 수 없이 늘 나의 냄새가 있는 처소. 조금은 맑아진 머리. 이제 또 종일을 고민해도 나오지 않는, 누군가 읽어 줄 글, 혹은 나 자신에게 들려줄 말을 채워가야 합니다. 밤이 새벽이 되고 새벽이 아침이 되기 전에.

플레이 버튼을 누릅니다. 비로소 일상의 덤불에서 거장의 속삭임 속으로 차원 이동할 준비가 조금은 된 것 같으므로.

70년대 록 음악의 거대한 표상이자 하드 록의 제왕으로 군림했던 딥 퍼플Deep Purple 시절의 존 로드Jon Lord와 칠십 대의 할아버지가 된 지금의 존 로드를 비교해 보면 그 자체로 시간의 의미와 가치를 생각하게 합니다. 쓰는 사람에 따라서 성찰이나 완숙의 예가 될 수도 있고, 무상함에 불과한 이야기가 될 수도 있을 테지요.

전성기 시절 딥 퍼플의 걸작 「불태워Burn」에서 리치 블랙모어의 기타와 팽팽한 긴장감 속에서 숨 막히는 속주 경쟁을 하던 존 로드의 키보드를 떠올려 봅니다. 딥 퍼플이나 화이트스네이크Whitesnake 같은 밴드의 일원으로 활동하는 틈틈이 명백하게 독창적인 음악 세계를 징표로 남겨 온 장인으로서의 면모를 간과한다면 40년이라는 시간은 그저 상투적으로 '긴' 세월일 뿐입니다.

70년대 초의 저 아찔한 명성에 집착하지 않고, 상업주의의 관습과 지지자들의 광기에서 자유롭게, 그저 조용하게 20세기와 21세기를 잇는 초월과 성찰의 선율을 가다듬어 온 거장. 그는 다행히 거장의 아우라를 공연히 휘두르거나 과도한 침잠을 일삼거나 하지 않는 서정주의자이자 자연주의자로, 그저 오늘의 풍경, 사람과 자연의 심연을 피아노와 현에 담고 있습니다.

1970년의 『쌍둥이자리 조곡Gemini Suite』으로부터 시작된 존 로드의 개인 작업은 1976년의 『사라방드Sarabande』와 1982년의 『내가 잊기 전Before I Forget』에서 정점에 오른 것이 사실이지만, 그때까지 존 로드는 하드 록의 비트와 화성을 완전히 버리지 않았습니다. 특히 보컬 트랙에서는 더 그랬습니다. 적어도 밴드의 외연과 내연을 아우르는 그는 단지 클래식(정확히는 바로크 음악)과 하드 록의 교배에 성공한 선구자로서, 거침없는 실험 결과물을 양산하는 저돌적 인물이었지요.

그의 음악 문법을 상징하는 두 축, 록과 클래식 사이의 거리를 좁히는 일은 애초부터 운명이었을 테지만 세월이 흘러갈수록 딥 퍼플이나 화이트스네이크 시절의 동지들과 그 필생의 과업을 완성하기 위해 '부분 협업'하는 일이 간단하지는 않았을 것입니다. 물론 리치 블랙모어처럼 영국 전통 포크의 문법으로 연착륙한 경우가 눈에 띄는데 블랙모어의 변신 또한 평생 동지이자 경쟁자인 존 로드의 장인적 태도에 영향을 받은(심지어는 질투일 수도 있는) 결과일 것입니다.

결국 1999년의 『내면의 풍경Pictured Within』에 와서 그가 꾸준히 추구하던 클래식 사운드 위에, 놀랍게도 이제까지와는 아주 다른, 뉴에이지의 영성을 가득 담은 내용과 형식이 한꺼번에 흘러나옵니다. 그것도 아주 오랜 숙성의 결과임이 분명한. 내면의 풍경을 암시하는 네 개의 주제 안에 해가 뜨고 해가 지기까지의 대지와 하늘의 변화를 응시하는 존 로드의 명상적 언어는 그가 지켜 온 키보드와 피아노의 절대적 권위마저도 무색하게 만듭니다. 바이올린, 첼로, 플루트, 소프라노 색소폰이 어쿠스틱 피아노와 이루는 앙상블은 변화무쌍한 자연의 모습처럼 때론 장엄하게, 때론 밤이슬처럼 처연하게 아름답습니다.

장 미셸 자르Jean Michel Jarre나 류이치 사카모토Ryuichi Sakamoto에게서 구조주의적 건축가의 면모를 발견할 수 있다면, 존 로드가 만든 근년의 음악들은 흑백사진과 추상화의 접목이 떠오릅니다. 이 앨범에서 가장 '존 로드다운' 트랙인 「풍차로부터From The Windmill」에서는 운명에 굴복하거나 상처받는 인간의 심연을 풍차에 비유한 철학적 깊이를 느낄 수 있습니다.

2004년에 발표한 『음표 너머에Beyond The Notes』는 여러 의미에서 『내면의 풍경Pictured Within』과 맥이 닿아 있는 작품이어서 오 년의 간극이 있지만 연작으로 보아도 좋습니다. 우주와 자연과 시간의 심연과 변화를 객관적이고도 쓸쓸하게 응시하던 냉정함이, 이제는 사람과 가족과 친구, 그리고 과거 기억을 향해 따뜻하게 손을 내밀고 있습니다. 아마도 이제 육십 대 후반이 된 자신의 지난 시간을 그 그림자까지 다 껴안을 수 있는 지점에, 그의 길고 긴 성찰이 닿았기 때문이겠지요.

특히 존 로드의 페르소나를 목소리로 전담하는 밀러 앤더슨Miller Anderson과 샘 브라운Sam Brown의 음성 또한 오 년 사이 많이 가라앉아 있습니다. 그들의 우정이 평평한 대지 위에 뿌리처럼 소리 없이 존재하는 것을 느낄 수 있지요. 그의 음악은 저마다 지닌 내적 외상을 스스로 쓰다듬게 합니다.

젊은 시절 조지 해리슨George Harrison과의 조우를 묘사한 진중하며 아름다운 곡 「그와 악수할 때의 미소A Smile When I Shook His Hand」와, 밀러 앤더슨이 굵은 낙엽처럼 노래하는 「11월의 인사November Calls」는, 특히 상처를 드러내는 일에만 익숙할 뿐 스스로를 이해하는 데는 미숙한 우리에게, 모든 것은 우주의 불가해한 법칙에서 비롯된 것일 뿐이니 삶의 지층 속 내면의 그림자를 받아들이도록 권고하는 거장의 성찰이 느껴집니다.

중세의 옷을 입고 예이츠를 노래함

칼라 로더 Carla Lother**의 『덧없음**Ephemera**』(1999년)**

내 머릿속에 불이 붙어 개암나무 숲으로 갔네.

그 가지 하나 꺾어 껍질 벗기고 딸기 하나 낚싯줄에 매달았지.

흰 나방들 날고 나방 같은 별들이 깜빡일 때

나 시냇물에 딸기를 담가 작은 은빛 송어 한 마리 잡았네.

나 그것을 마루 위에 놓아두고 불을 피우러 갔을 때

마루 위에서 무언가 바스락거리더니 누군가 내 이름을 불렀지.

그것은 머리에 사과 꽃을 단 어렴풋이 빛나는 소녀가 되어 내 이름을 부르며 달아나 빛나는 공기 속으로 사라져 버렸지.

– 예이츠, 「방황하는 앵거스의 노래」 중에서

아일랜드 문화의 표상이나 다름없는 민족시인 윌리엄 버틀러 예이츠W. B. Yeats의 시와 삶에는 오래도록 애송되면서도 그만의 독특한 느낌을 음미하게 하는 요소가 있습니다. 소로우의 『월든』을 떠올리게도 하고 때로는 블레이크와 프로이트와 마주선 듯싶게, 시대에 따라 조금씩 변모했기 때문일까요. 민족주의자이자 자연주의자로서, 그리고 변증적인 역사관과 신비주의에 탐미하며 육체와 무의식에 관심을 가졌던 독특한 정신세계의 소유자로서 세계를 향해 읊조린 그것에서는 '시' 이상의 강한 기운을 느낄 수 있지요.

그의 시를 노래하는 21세기의 음악가 칼라 로더Carla Lother의 목소리와 선율은, 예이츠가 지닌 신비주의자로서의 영성을 더욱 가깝게 느낄 수 있습니다. 중세적인 엄숙함과 진지함을 바탕으로 하면서도 현대의 드라마를 보고 있는 듯한 격정과, 빛을 향해 열려 있는 미지의 통로가 그려져 있지요. 흡사 저 애니 레녹스Annie Lennox를 연상시키는, 중성적이면서 묘한 칼라 로더의 외모는 마치 비밀로 가득한 성에서 살고 있는 이야기의 주인공 같습니다. 중세의 오후를 적시는 빗

줄기 혹은 성 안 어디선가 나지막하게 들려오는 탄식의 속삭임. 낮은 하늘과 높은 성 그리고 자연과 인간 사이의 통로에서 울리는 노래.

클래식한 팝 음악 그리고 자연주의 이상의 도저한 메시지를 숨기고 있는 그 언어에서, 영국 모던 록의 대모이자 자유로운 표현주의자 케이트 부시Kate Bush 그리고 '피아노 치는 마녀'라고도 불리는 미국의 토리 에이모스Tori Amos와 만나는 맥락을 찾아봅니다.

물론 음악의 출발 배경이 다르고 사회를 바라보는 입장과 세계관이 다를 수 있으니 그들의 이름을 '여성주의'로 쉽게 묶어 버리는 건 곤란합니다. 다만 공히 자기만의 굳건한 정신세계와 시적 상상력 위에서 어쿠스틱 악기와 날것 그대로의 목소리로, 때로 광기에 가까운 아우라를 여제사장이나 음유시인처럼 발산하며 인간 세계의 어두움과 밝음, 아이러니, 자연을 노래하는 현대의 여성 팝 음악가들이 이 죽음으로 치닫는 세계를 구원할 수 있다고 믿을 따름입니다.

이전보다 미래를 더 기대하게 되는 캐나다 출신 싱어 송 라이터 칼라 로더에게 90년대 얼터너티브의 한 축이었던 여성주의의 후계자라고 말하거나 진보적 이념을 담지한 아티스트라고 기계적으로 규정할 필요는 없습니다. 그녀는 단지 대학원에서 피아노를 전공하고 플루트를 연주하며 학생들을 가르치고 록 밴드에서 활동한 적도 있는 전방위 음악가일 뿐입니다. 클래식 음악을 전공하고 팝 음악을 하는 대부분의 뮤지션이 그렇듯 칼라 로더 역시 음악의 전통과 비전을 믿고 과거와 미래의 문화 사이에서 즐겁게 '방황'할 뿐입니다.

클래식 피아니스트이자 플루티스트인 그녀가 록과 포크를 만나 싱어 송 라이터로 거듭나는 동안 동시대 대중을 만나는 형식과 장을 고민하는 과정에서, 그녀는 꼭 스튜디오와 무대만을 고집하지는 않았습니다. 루시어스 잭슨이나 필립 글래스와의 협연과 아울러, 영화와 광고 음악, 뮤지컬 극장의 디렉터를 맡기도 했습니다. 클래식 음악가의 원형과 소신이 더 강해 보이는 첫 번째 보컬 앨범 『덧없음Ephemera』(1999년)과, 팝 대중의 취향을 충분히 고려하여 쉬운 언어들을 사용한 두 번째 앨범 『100명의 연인들100 Lovers』 사이에는 어쩌면 '시장의 덫'이 작용한 적지 않은 간극이 있어 보이지만, 그녀가 향후 뉴에이지와 크로스오버 그리고 포크 음악계에서 차지하게 될 위치와 의미는 결코 평범하지 않을 것입니다.

같은 캐나다인으로 아일랜드의 자연과 신비를 음악으로 표현한 로리나 매키닛이 먼저 떠난 머나먼 음악의 여행길을 뒤따라나선 칼라 로더. 하지만 하피스트 겸 보컬리스트로서 아일랜드의 서정을 노래한 로리나 매키닛이 민속악기와 함께 금석문처럼 고전적이며 마술적인 아우라를 발산했다면, 칼라 로더는 21세기의 음악가답게 전자음악 시스템과 자연 음향을 자유롭게 사용하며 과거와 미래를 잇는 표현 언어를 보여 줍니다.

예이츠의 시가 다시 태어났을 뿐더러 특히 직접 만든 「호수The Lake」와 「야엘리쉬Jaelish」「조나단 존스Jonathan Jones」 등의 곡에서는 아일랜드 민속음악과 현대의 얼터너티브 음악이 클래식의 스케일 안에서 간결하게 녹아 있음을 느낄 수 있어, 그녀의 영감과 지적 탐미가 이후 지구 어느 곳으로, 역사 어떤 지점을 향해 흘러갈지 기대하게 만듭니다.

지평선에 서서 달그림자를 바라보다

데이비드 길모어David Gilmour의 『섬에서On An Island』(2006년)

다분히 상업적인 의도가 엿보이는 이벤트이긴 하지만, 펜더 기타에 관한 한 가장 뛰어난 연주자라고 영국인이 손꼽은 데이비드 길모어David Gilmour는 핑크 플로이드의 전성기에 남긴 업적만으로도 지구적 단위의 음악가라고 할 수 있습니다. 핑크 플로이드라는 이름과, 그들의 음악 언어가 갖는 의미와 무게는 20세기 다른 록 그룹들과는 조금 다른 것이기 때문입니다.

한결같이 철학적이고 형이상학적 세계를 표현해 온 그들의 음악에서(특히 『더 월The Wall』에서) 전쟁, 인종, 마약, 섹스, 폭력, 교육, 고립, 전체주의 등 현대 세계의 모든 문제를 집약시킴으로써 그 어떤 역사나 철학 분야 저작 이상으로 세계인에게 지대한 정신적 영향을 주었기 때문이지요. 그 중심에 로저 워터스Roger Waters와 데이비드 길모어가 있었습니다. 특히 기타리스트로서 데이비드 길모어가 지닌 진면목은 노장이 되어갈수록 깊이를 더하고 있습니다.

얼핏 보면 데이비드 길모어는 엄숙주의자처럼 보이는데 음악의 지위와 명예에 깊이 천착하며 비타협적으로 느껴지는 인상 때문일 겁니다. 사실 그는 초현실적 세계와 인간 내면의 풍경을 상징과 다양한 은유로 표현하는 일종의 인상주의자입니다.

핑크 플로이드 시절 그룹에서 음악적 중심을 놓고 갈등하던 로저 워터스가 개인적인 내면의 외상을 사회 모순과 병치하며 혐오와 분노의 언어를 주저 없이 갈파하는 음악 세계를 고집할 때도 데이비드 길모어는 음악과 음향 자체의 조용한 미학을 추구하는 성향을 보였습니다.

두 사람의 갈등에 따른 핑크 플로이드의 '이산離散' 이후에도 이러한 양상은 변함이 없고, 22년 만에 솔로 앨범을 발표한 데이비드 길모어는 날이 날카롭게 선 예술가가 아니라 인생과 자연의 숨은 언어를 담지하고 성찰하려는 지향을 보입니다. 물론 이는 대부분의 록 뮤지션이 장년 이후 걷는 공통된 길이기도 하지만(존 로드가 대표적인 경우이겠지요). 중요한 점은 무겁고 진지하면서도 지구적 보편성을 띠는 음악 언어를 추구하는 데이비드 길모어의 현재입니다.

『섬에서On An Island』를 통해 그는 블루스에 뿌리를 둔 록 기타리스트로서 기타 한 대를 둘러싼 앙상블에 얼마나 많은 동시대의 표지들이 압축될 수 있는지 여실히 보여 줍니다. 잔잔한 오케스트라가 밤의 해변처럼 자리 잡고 마치 푸르스름한 달빛처럼 그 울림이 공중에 퍼지는 기타와 서늘하고 감정을 배제한 채 오버 더빙된 목소리. 특유의 느리고도 스케일이 큰 수록곡마다 1960년대부터 40년 이상 기타를 연주하고 작곡을 한 대가의 중후한 풍모가 담백하게 압축되어 있습니다.

단지 펜더 기타의 일인자가 벌이는 퍼포먼스의 등급에만 집착한다든가 혹은 사회적 메시지가 약하다는 '선수'들의 냉정한 평가와는 상관없이, 데이비드 길모어가 표현하고 싶은 것을 마음껏 담았습니다. 게다가 신중한 태도로 대가의 풍모를 흩뜨리지 않고 담아 놓았기에 훌륭하고 아름답습니다. 여지없이 '달'의 이미지가 등장하는 『섬에서On An Island』에는 밤이라는 공간, 텅 빈 도시, 달과 별의 한기와 온기, 자연의 흐름, 사람과 사람 사이의 거리 등이 하나의 잠언처럼 담겨 있습니다.

인간 세계에 여전히 존재하는 전쟁과 폭력, 혼돈과 광기는 지구를 언젠가 완전한 몰락으로 이끌 것입니다. 예술가는 깊은 밤, 달과 별에게 이를 놓고 탄식합니다. 과학자와 정치가가 지구 생명이라는 테제에 얼마나 진지하게 임하는지는 장담할 수 없지만 적어도 현대사와 함께 호흡해 온 동시대 예술가들의 진심 어린 탄식과 찬미는 왕왕 과학과 정치를 뛰어넘어 자연 그 자체에 도달합니다. 22년 만에 세상에 선보인 데이비드 길모어의 앨범에는 어쩌면 머지않아 아름다운 푸른 별 지구를 더 못 보게 될 안타까움과 초월 사이 어떤 시선이 담겨 있습니다. 혹은 달과 별과 검푸른 밤하늘을 노래하고 또 다른 우주를 지향하며 고요히 기다리는 자연주의자의 명상이라고 보아도 좋습니다.

"실험을 앞세워 실력 이상을 보이려는 건 진기함을 자랑하는 것에 불과하고 곧 사라질 뿐이다."

이 말은 거장으로서 젊은 세대 음악인에게 보내는 애정 어린 충고입니다. 독특한 아이디어와 튀는 행동으로 실력 없음(사실은 생각도 별로 없는)을 위장하는 퍼포먼스 위주의 밴드가 가끔씩 돌출하는 것은 어디나 마찬가지인가 봅니다.

"미국이 GNP의 하찮은 부분을 떼어다 굶주리는 나라에게 던져 주는 꼴을 못 보겠다."

2005년 아프리카 극빈국의 부채 탕감과 기아 문제를 세계에 일깨우기 위한 'Live 8' 공연에 참가하면서 일갈한 이 한 마디는 명불허전인 팝 뮤지션의 성찰이 어디까지 닿는가를 알 수 있는 단면입니다. 극빈국을 돕는 일은 온정이 아니라 정의라고 누군가 말했지요.

이 앨범에는 폴란드의 영화 음악가이자 키에슬로프스키 감독의 『삼색』 시리즈와 『베로니카의 이중생활』의 음악을 작곡한 즈비그뉴 프라이즈너Zwignew Preisner가 오케스트레이션을 맡았습니다. 뿐만 아니라 그레이엄 내쉬Graham Nash, 데이비드 크로스비David Crosby, 리처드 라이트Richard Wright 등 기라성 같은 음악인이 함께 참여하여, 조용한 성품과 자연주의를 추구하는 인생관의 공명 안에서 동시대의 따뜻한 메타포를 낙엽처럼 혹은 썰물처럼 남겨 놓는 모습이 떠오릅니다.

세계라는 거대한 굉음에 의해 부서져 가는 개인의 가슴과 영혼에 그의 음악이 다가옵니다. 진정한 음악의 에너지가 발휘되는 곳은 대규모 스포츠 이벤트나 정치인의 취임식이 아닌 피폐하고 고독한 한 사람의 내면, 그 메마른 오솔길, 아득한 지평선이니까요.

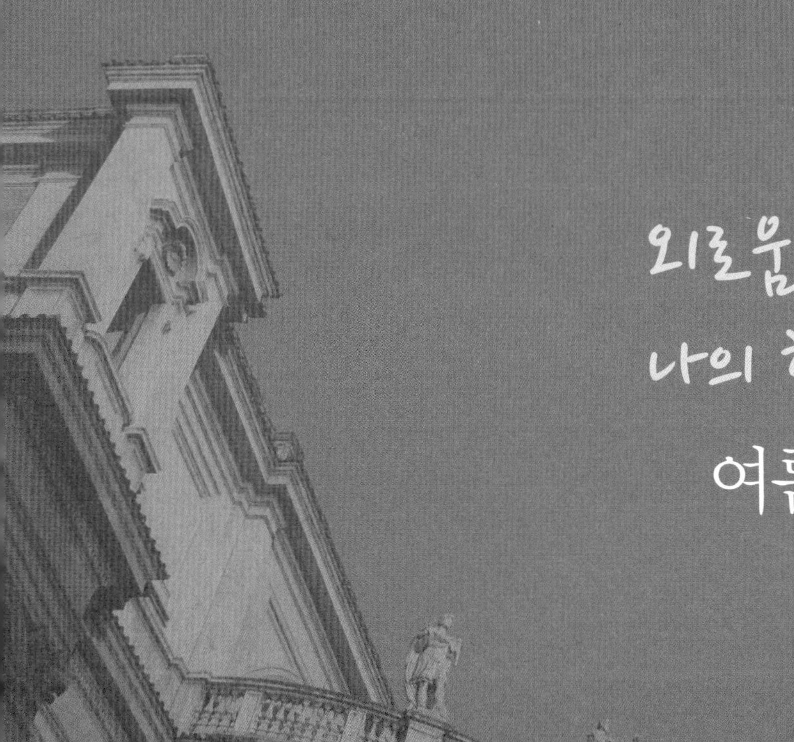

외로움은 나의 힘 여름

지중해, 저녁노을과 바람의 하모니

수레다Sureda**의 『모두 혹은 아무것도**Todo Nada**』(2004년)**

몸속을 지나 마음속 깊은 데까지 습기가 차 들어와 근거 없는 기침과 피로를 창조하던 장마가 지나고 진짜 여름이 시작되는군요. 그냥 앞뒤 재지 않고 잠깐의 햇빛이라도 반가워지는 것이 생경합니다. 무더위와 한판 붙으려면 만만치 않은 전기세가 수반되는데, 이미 엄청난 빗줄기에 질린 다음에 찾아오는 이 더위는 어쩌면 음양의 균형을 그 무엇보다 실감나게 실행하는 자연의 섭리인지도 모르겠습니다. 아무튼 찜통 속 같아서 힘들고 고통스럽기도 하지만 상대적으로 시원한 것의 가치를 실감하게 하고 가장 솔직해지는 계절이기도 하니까요.

멋진 휴가를 계획하고 있나요? 아님 이미 평온한 휴가를 즐기고 있는지도. 꼭 여름철에만 휴가를 떠나야 하는 건 아니지만, '여름'이라는 말은 그 자체로 '휴가'의 뉘앙스를 주는 언어이지요. 뜨거운 햇빛을 가득 흡수하고 시원한 바람에 적당히 식힌 열매의 빨간 빛깔이 연상됩니다. 한낮의 태양이 겸손하게 머리를 숙이는 저녁. 지상의 열기를 식히는 저녁 바람이 노을을 도닥일 때 조금은 그을린 피부에 상큼한 소름이 돋고, 눈앞에는 푸른 바다와 수평선이 조금씩 채도를 떨어뜨리기 시작합니다. 지중해에 아이스크림이나 파이처럼 놓여 있는 마요르카나 시칠리아 아니면 샤르데니아 섬쯤이면 더할 나위 없겠지요.

이국적인, 너무나 이국적인 곳. 일상이나 현실에서 좀 자유로운 시간이 인생에서 얼마나 되겠나 싶은데……. 비현실적인 공간 아니 일탈적이고 낯설고 평온하고 자유로운 시공간에 잠시 우리의 의식을 툭 던져두어도 좋겠습니다. 늘 너무 수고하고 최선을 다하느라 고단한 당신의 뇌와 마음과 육신에게 주는 달콤한 휴식을 아끼지 마세요.

가브리엘 살바토레 감독의 『지중해』라는 영화, 제2차 세계대전 중 여덟 명의 이탈리아 해군 병사가 우연히 그리스의 작은 무인도에 전략적으로(도대체 무슨 전략인지…….) 파견되는데, 전쟁이 끝난 줄도 모르고 삼 년을 그곳 주민들과 어울려 병사들은 행복한 낙원의 삶을 즐깁니다. 푸른 지중해의 섬에서 번민 없는 생활에 어느덧 길들여져 조국으로 돌아가기 싫어하는 이들의 모습에서 인간적인 연민이 느껴집니다. 아름다운 섬 처녀와 결혼까지 한 병사는 창고의 올리브 통에 그만 숨어 버렸지요. 세월이 오래 흐른 다음 다시 찾아온 장교는 어느새 노인이 되어 버렸고요.

낙원, 도피. 전쟁 못지않게 고달픈 현실에서 벗어나고 싶은 모든 사람에게 흐르는 피의 이름입니다. 실제로 도피를 감행할 여건이 안 되는 이들에게 약효가 충분한 음악을 권합니다. 늘 그랬듯 효능만 애매하게 적겠습니다. 약 이름은 수레다Sureda. 벨기에 혈통의 스페인계인 여성 싱어 송 라이터 아니 수레다 카스티요Annie Sureda Castello가 이끄는 상큼한 어쿠스틱 밴드입니다. 지중해만큼이나 맑고 투명한 음악이 넘실댑니다. 스페인어의 이국적 어감과 켈틱 스타일의 리듬, 그리고 재즈가 너무 진하지 않게 혼합되어 있는 색채는 반투명의 칵테일이 주는 달콤 상큼한 맛입니다.

유럽과 중동, 아프리카가 접해 있는 지중해의 특정한 조건이란 따지고 보면 참 모호하게 섞인 것이라 할 수 있지요. 하지만 강렬한 햇빛과 풍부한 토양, 시리도록 푸르고 맑은 바다를 배경으로 삶을 영위하는 사람들에게 '낭만'과 '자유'가 일상일 거라고 믿어 봅니다. 중앙아시아나 아프리카 사막을 고독하게 여행하는 현대판 유목민 못지않게, 지중해를 배경으로 떠도는 여행자에게도 자유가 주는 풍요로움과 함께 밤바다 수평선처럼 막막하고 무상한 느낌이 늘 따라다닐 겁니다. 그 무상함, 모호함, 막막함, 게으름은 낙원과 도피의 수행원이라 할 만하지요. 수레다의 앨범 제목 『모두 혹은 아무것도Todo Nada』가 와 닿습니다.

스페인어와 카탈로니아어로 노래하는 아니 수레다 카스티요의 에메랄드빛 바닷물처럼 맑고 부드러운 목소리에, 모로코 태생 프랑스인 그웨나엘 미코Gwenael Micault의 아코디언과 기타, 캐나다 퀘벡 출신의 피에르 미쇼Pierre Michaud의 첼로가 노을처럼 저녁 바람처럼 스며듭니다.

남미의 열정과는 다르게 흐트러짐 없이 점잖고 깔끔한 편이지만 이 달콤하고 무상한 약효는 짧게는 두 시간가량에서 하루 정도 지속됩니다. 필요하다면 수없이 반복 섭취해도 큰 부작용은 없다는 것이 장점입니다. 「춤… 열정Baila… Tentacion」「우리의 다리Nuestro Puente」「희망의 잎들Deje De Esperarte」「하늘을 날아Volaras」「탄생Nacer」 등 추천할 트랙이 많은 훌륭한 약이네요. 모쪼록 상큼+평온한 휴가를 창조하길.

파란 지중해가 담긴 유리잔 너머

비아Bia의 『방황하는 마음Coeur Vagabond』(2006년)
킹즈 오브 컨비니언스Kings Of Convenience의 『텅 빈 거리에서의 소요Riot On An Empty Street』(2004년)

해가 길어진 이 계절, 새벽은 보다 일찍 찾아와서 날을 꼬박 새버린 시간의 틈바구니에 나를 몰아넣습니다. 하루의 시작을 본의 아니게 일찌감치 하는 사람으로 만듭니다. 알고 보면 여름은 겨울의 다른 이름이고 동생이고 뒷모습입니다. 침잠하고 저장하여 얻은 묵은 영양분의 섭취가 끝나자마자 모든 사물과 인간으로 하여금 밝고 투명해지도록 재촉하는 자연의 너털웃음일지 모릅니다.

그늘에게도 고단함이 있을 것이기에 칠월의 하얀 햇볕을 잠시 빌려줍니다. 볕은 또 새로운 그늘을 낳고, 괴로움의 위안을 꿈꾸는 여행자들은 오늘도 시간과 공간의 인위적 경계를 넘어서서 헌것과 새것 사이의 다리가 되고 싶어서 길을 나섭니다. 태양과 구름과 바람이 만든 하늘 아래 길들은 다시 무수한 산길과 물길로 갈라져 어디로 향해 가는가를 다시 밤하늘의 별과 달에게 물어봐야 합니다.

북두칠성과 카시오페이아와 만나는 사막의 밤. 차가움과 뜨거움이 교차하는 그곳을 지나 대륙이 끝나고 하늘의 거울이 펼쳐지는 곳, 낯선 바닷가 어딘가에 이를 것이라고 별들의 지도는 노래합니다. 해지는 저녁, 노을이 하늘의 창문을 닫아 주면 여행자는 태양과의 밀고 당기기가 끝난 일몰의 향긋함에 나른히 쉴 수 있습니다.

여름 태양에 그을린 얼굴과 지친 심장을 적셔 줄 차가운 물 한 잔 아니면 태양의 그늘 맛과 향이 나는 스파클링 와인 한 잔이라면 적당하겠지요. 투명한 유리잔에 담겨 저녁 바람을 타고 어디선가 들려오는 멜로디. 킹스 오브 컨비니언스Kings Of Convenience의 무념무상 「케이먼 제도Cayman Island」입니다.

노르웨이 출신의 포크 듀오, 킹스 오브 컨비니언스Kings Of Convenience의 「케이먼 제도Cayman Island」가 들어 있는 『텅빈 거리에서의 소요Riot On An Empty Street』는 기름기라곤 찾아볼 수 없는 신선 같은 두 청년의 청정무구 어쿠스틱 사운드입니다. 먼 바닷가 노을 지는 그늘에서 오수를 즐기고 싶어집니다.

무거운 뚜껑에 짓눌렸던 시간은 끝났습니다. 다시 삶은 시작됩니다. 물빛, 하늘빛, 노을빛을 심장에 담아 가볍고 맵시 있게. 수평선으로부터 하얀 모래밭을 향해 파도는 멈추지 않고 철썩입니다. 파란 바다, 하얀 포말이 가르치는 것은 무상과 희망 둘 다 혹은 아무것도 아닙니다.

거울 속에서 서서히 사라지는 자신을 들여다보는 예술가가 있었습니다. 스스로를 아무것도 아닌 것으로 그린 이 인상주의 화가는 생의 마지막 시간, 영광의 문턱에서 슬프고도 괴이한 웃음을 웃고 있는 자신을 바라보았습니다. 늙고 지친 화가는 죽음에 임박해 그린 말년의 자화상에 고통으로 일그러진 웃음을 그렸습니다. 세상과 자신과의 끝없는 싸움을 견디고 일어나야 했던 고독을 말하고 싶었으므로. 저 깊고 투명한 바닷물, 노을의 마지막 진홍빛 조명은 일그러진 미소와 그 속의 고독을 고스란히 읽고 품어 냅니다. 지중해, 그 깊고 투명한 낙원이 여행자의 심장을 움켜쥐고 바람의 노래를 들려줍니다.

브라질과 프랑스를 오가며 늘 이방인의 노래를 부르다 지중해에 영혼을 맡긴 선장에게 시집간 여자 음유시인 비아Bia. 그녀가 지중해를 향해 노래한 「불가사리Estrela do Mar」와 「전화Appel」가 시원한 남풍과 함께 여행자의 노곤한 육신을 감쌉니다. 언뜻 그리운 얼굴은 스쳐가고 이대로 잠시 꿈을 꿔야지요. 노을도 수평선 너머로 저물면 나타날 별들이 곧 밤바다 위에서 반짝이며 뭐라고 속삭일 것인가. 그리고 내일의 지도는 어디를 향해 그려질 것인지.

브라질 출신의 아름다운 음유시인 비아의 앨범 『방황하는 마음 Coeur Vagabond』은 바다색으로 가득합니다. 스트링과 플루트 연주에 프랑스어로 노래한 「전화Appel」는 노을의 배경음악처럼 아름답습니다. 여행의 힘을 만들고 경계를 허무는 시를 쓰고 노래하는 비아의 노래만 듣고 있어도 이미 바다는 마음에 가득 찹니다.

변하는 것과
변하지 않는 것 사이

모야 브레넌Moya(Maire) Brennan의 『두 개의 지평선Two Horizons』(2003년)

한 철 지옥 같던(그렇지 않은 행운아도 더러는 있겠지만) 여름이 거짓말처럼 저물어가는 즈음이면 늘 아쉬움으로 남는 것이 하나 있습니다. '시원하거나' '인상적인' 여행을 하지 못했다는 점입니다. 여행이 주는 쾌락과 깨달음의 종류야 일별할 필요가 없겠지만, 여하튼 완성도 높은 여행에 대한 끊임없는 욕구 앞에서 늘 배가 고프지 않을 수 없지요.

『내 방 여행Journey Around My Bedroom』이라는 독특한 여행기를 쓴 18세기 프랑스 작가 자비에 드 메스트르Xavier De Maistre는 여행에 대한 '강박'과 관련해서 흥미로운 부분을 집어냈지요. 사람들 대부분이 여행에서 얻는 즐거움은 어떤 특정한 목적지보다는 정작 그것을 둘러보는 방식에 더 많이 달렸다는 겁니다. 이 '보는 방식'을 아주 가까운 주변에 적용한다면, 우리의 너저분한 방과 답답한 거실이 오지의 정글이나 중앙아시아의 고원 못지않게 흥미로운 장소가 되지 말란 법은 없겠지요. 어쨌든 자비에 드 메스트르는 파스칼까지 인용하며 그 책에 이렇게 씁니다.

"인간의 모든 불행은 방 안에 조용히 남아 있지를 못하는 데서 비롯한다."

이 말은 가을이 오기만을 날마다 창문 너머 하늘을 보고 기원하며 '느림'을 감성적으로 숭상하는 사람들에게 한 가닥 위로를 줍니다. 결국 변변한 여행 한 번 못하고 여름을 보내는 것을 자책하는 사람들에게, 그보다는 육방면체의 불가사의한 신비로 가득한 '내 방의 모든 것을 제대로 만끽하기'를 조심스럽게 제안해 봅니다.

전설적인 아일랜드의 하피스트인 오 캐롤란Turlough O'Carolan(1670-1783)은 아일랜드 음악가 모두에게 큰 바위 얼굴 같은 존재입니다. 백 년이 넘는 세월을 (시각장애인으로) 어둠 속에서 살아가면서도 세상에서 가장 아름다운 음악이 숨어 있는 심연의 오솔길을 고독하게 찾았던 뮤지션입니다. 그가 남긴 음악과 흔적은 아일랜드 출신 음악가들의 공통된 영감의 원천(무의식의 바다)이었을지도 모릅니다. 지난 30년 동안 아일랜드 음악과 세계를 잇는 메신저 역할을 해온 클라나드Clannad의 멤버 모야 브레넌Moya Brennan(아일랜드어 표기로는 Maire) 역시 오 캐롤란이 평생 찾아 헤맨 것을 따라 묻습니다.

"내게 길을 보여 주세요.Show Me The Way."

70년대 초부터 아일랜드 전통 민요 속에 담긴 보석 같은 서사를 대중적 언어로 재창조함으로써 예술적 공헌과 상업적 성공 모두를 충분히 성취해 온 가족 그룹 클라나드. 이 그룹의 80년대 말 이후는 세기말이라는 화두와 만나 일종의 실험으로 점철되었습니다. 그것은 결국 '과거의 발견'이나 '전통의 재창조'라기보다는, 과거와 전통의 흔적 위에서 새로운 세기의 음악 언어를 찾고 창조하는 작업에 가까운 것이었지요. 처음에는 켈트의 유구한 유적과 역사, 민속음악을 통해 그들의 뿌리를 발견하는 것이었다면, 그룹 결성 20년을 넘기면서부터 이들의 숙제는 그 바탕 위에서 '매우 동시대적'인 음악, 현대인의 정서를 위한 진보적인 음악을 추구하는 것이었습니다.

그 변화의 과정과 내용에 대해 찬사와 비판이 겹쳤지만, 세기가 바뀐 지금 활동이 미미해진 클라나드의 이름으로 그 성과를 평가하기에는 조금 생경함이 느껴집니다. 오히려 그룹의 리드보컬이자 '엔야의 언니' 모야 브레넌이 그룹과는 별도로 발표해 온 솔로 프로젝트에서 새삼 '음악의 진보, 깊이, 진정성 그리고 대중성'에 대해 성찰하도록 만듭니다.

1992년의 『모야Maire』, 1995년의 『신비로운 풍경을 찾아Misty Eyed Adventures』, 1998년의 『완전한 시간Perfect Time』까지 성공적으로 솔로 앨범을 발표해 온 모야 브레넌은 새로운 세기를 맞이하고 나름대로 '궁극의 프로젝트'가 될 만한 구상을 하였습니다.

두 해 동안의 모색을 통해 2003년에 발표한 이 프로젝트가 바로 『두 개의 지평선Two Horizons』인데, 그 속에는 지난 세기말 클라나드가 추구해 온 것과 다르지 않은 지향이 담겨 있습니다. 작게는 아일랜드의 과거와 미래를, 그리고 아일랜드와 세계를 잇는 음악의 진일보된 표현으로 다가옵니다. 또 크게는, 밝아 보이지 않는 미래 앞에서 두려움에 사로잡힌 현대인이 찾아야 할 과거와 미래의 접점, 변하지 않는 것과 변하는 것 사이에 고요히 존재하는 시공간의 지평선을 추구한 것이라 가늠해 봅니다.

어둠 속에서 더 밝은 빛을 찾아간 전설적인 하프의 거장으로 기록된 오 캐롤란의 정신 속으로 걸어 들어가 하프의 아름다움과 아일랜드의 전설을 가장 진보한 사운드 테크닉으로 융합하는 게 그녀의 목표임은 분명해 보입니다. 언젠가 타라Tara 지방에서 그녀가 직접 목격했다는, 달이 지고 해가 뜨는 장면이 동시에 연출되던 순간에서 이 프로젝트의 이름 『두 개의 지평선』을 가져왔습니다. 그 순간의 파장을 음미하고 성찰하는 동안 아무도 알 수 없는 '빛'과 '길'의 비밀은 그녀로 하여금 200여 년 전 아일랜드의 자연을 상상하며 표현한 하피스트, 오 캐롤란의 고독을 대변하게 한 것입니다.

"Show Me The Way."

그녀가 반복하여 속삭이는 독백과 하프 소리가 과거와 미래가 만나는 지평선 위에 오로라처럼 퍼지며 만드는 공명 속에 듣는 사람도 어느새 들어가 있습니다.

신과의 고요하고 즐거운 공명이 대자연의 조화 속에 숨어 있음을 노래한 그녀는 늘 거창하고 화려한 것보다는 미미한 것에서 혹은 스쳐 가는 짧은 순간에서 영원성을 찾았습니다. 어느덧 오십 대 후반에 이른 연륜이 과거도 미래도 다 품어 안을 수 있을까요? 70년대 초부터 클라나드와 함께 아일랜드 전통음악이 가진 심원한 자연관을 팝음악의 문법과 접목시켜 가며 혁신적인 켈틱 음악의 길을 모색해 온 여정을 생각한다면, 변함없이 추구해 온 '음악의 길'에 숨은 과거와 미래의 비밀스런 만남을 단번에 다 말해 달라는 건 역시 무리한 요구입니다. 그래서 우리는 음악가의 또 다른 미래를 늘 기다리는 것일 테지요.

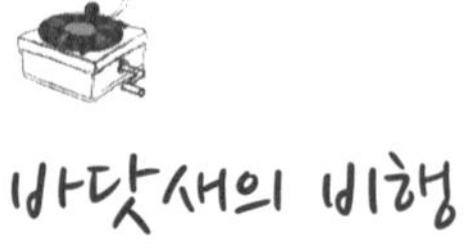

바닷새의 비행
-외로움은 나의 힘

쉬어워터Shearwater의 『날개 달린 인생Winged Life』(2004년)

엄마와 내가 시내로 가는 차를 몰고 갈 때,

난 대체 그녀가 생각에 빠진 건지 목적지를 잊어버린 건지 알 수가 없었어.

그녀는 라디오의 92 스타 방송을 틀었는데

로니 밀셉이 그는 더 이상 그걸 그리워하지 않을 거라고 노래하고 있었어.

어머니가 말했어.

넌 이제 어떻게 살아갈 거니?

난 말했지.

엄마가 운전하는 법만 가르쳐 주면 돼.

그녀는 웃으며 내 머리를 만지더니 이렇게 말했어.

얘야, 살아남게 된다면 넌 정말 운이 좋겠구나.

—「1984년의 세계The World In 1984」

추적추적 내리는 비와 함께 여름이 썰물처럼 빠져나가고 가을 냄새가 납니다. 여름이 여름다워서 좋다고 말하는 이들도 있지만, 에어컨 없이 물두부처럼 땀에 젖어 시간과 싸움하는 일을 내년 이맘때 또 해야 하는 거라면 산속으로 들어가 도를 닦는 것도 고려할 것입니다.

하지만 여름은 우리의 감정과 감각에 있어서 기묘한 긴장과 이완이 동시에 진행되는 계절이기도 합니다. 느슨한 기다림보다는 팽팽해진 욕망에 떠밀린 탄성의 힘. 몽롱함을 깨기 위해 들이키는 차가운 물의 쿨렁쿨렁하고 미끈미끈한 질감. 정답은 나오지 않으나 그 해결의 과정이 이상하게 사람을 자극시키는 이것은 시간과 자연이 만들어 내는 마술입니다. 그리고 우리는 자신이 얼마나 참을성 없는 동물인가를 깨닫게 됩니다. 입추 즈음부터 마음이 급해지고 계획조차 세우지 못한 채 지나가 버린 '여름휴가'의 미련을 깨끗이 접기 위해서라도 빨리빨리 시간이 가기만을 바랍니다.

그렇게 여름의 물길은 빠져나가고 열기가 식어 가는 인생의 바닷가, 시간의 경계선에 서 있습니다. 끔찍한 인파, 소음, 조악한 댄스음악, 호루라기 소리, 유치한 뽑기 놀이, 바가지, 이런 것이 유난히 싫은 사람들을 위한 짧고도 의뭉스런 과도기가 오는 것입니다. 힘없이 손에서 빠져나간 불같은 추억을 만끽하는 것도, 가슴 설레는 미래를 눈을 치켜뜨고 상상하는 것도 아닌, 무념무상 평온한 잠시 동안을 아무 방해 없이 아무 장치 없이 있고 싶어집니다. 마치 떼거리에서 소리 없이 벗어난 망망한 바닷가의 슴새Shearwater처럼.

조나단 메이버그Jonathan Meiberg가 이끄는 이 인디 록 밴드는 예외 없이 닉 드레이크Nick Drake의 허무와 자조의 미학을 따라나선 '애늙은이 소년소녀들'입니다. 역시 현세적 삶의 그늘진 곳과 보이지 않는 마음속에서 부유하는 욕망을 들여다보는 데만 감각이 발달해서, 의사의 처방과는 무관한 제멋대로의 신경안정제를 공급하는 뒷골목의 불법 약제상처럼 무표정하게 웅얼거립니다.

"살아간다는 것이 그렇고 그런 거 아니겠어?"

부모의 세계로부터 마치 나그네처럼 막막한 인생의 벌판에 버려지듯 떠나는 열여섯 살 소년 때의 기억과 독백이 담긴 저 「1984년의 세계The World In 1984」는, 느리고 막막한 걸음으로 시작해서 미망의 공중으로 비행하다가 또 언젠가 추락하고 부서지게 될 삶을 예지하는, 아름답고도 슬픈 모든 애늙은이들의 삼 분 동안의 찬가입니다.

「봉인된Sealed」에서는 밤의 광선을 물집처럼 터트리며 깊은 지하, 빛이 닿지 않는 방으로 이끄는 이 세계의 부조리함을 탄식하는 듯합니다. 제국들의 광기와 음모 그리고 군중의 우울과 무력함이 세상을 지배하는 2004년, 미국의 허무주의자 청년들인 쉬어워터는 전쟁과 비참함 외에도 다른 걸 수출할 수 있어서 기쁘다고 자조했습니다.

평화와 화합을 외치는 올림픽이 요란하게 열리는 늦여름, 방사능비가 내리는 바닷가에서 비에 젖은 회색 깃털의 습새들이 쓸쓸하게 어딘가로 날아가고 있네요.

이베리아 집시의 방랑과 로망, 누에보 플라멩코

비센테 아미고 Vicente Amigo**의 『감사의 오솔길**Paseo de Gracia**』(2009년)**

배낭을 메고 건너간 이방의 여행자들에게 일생의 낭만이 되어버린 카미노 데 산티아고. 그리고 월드 챔피언에 등극한 축구는 어찌나 휘황한지. 절도와 자유분방함, 섬세함과 호방함이 공존하며, 아랍, 유럽, 남미, 이슬람과 가톨릭 문화가 함께 있는 스페인의 문화는 비록 한때 거대 식민 지배자의 대명사였으나, 그 오명의 역사가 선물로 준 '모든 변방인의 집합소'로 씻기고 깎인 끝에 꽃피운, 모든 멋진 것의 표상이라 해도 지나치지 않습니다. 그 리듬과 격정이 집약된 것이 집시의 음악 플라멩코입니다.

플라멩코는 지역적으로는 '평원의 도망자Rima-Calk'로 자신을 불렀던 안달루시아 지방 집시들의 전래음악이지만 종교적 계급적 핍박의 시대가 지나간 후에는 스페인을 대표하는 음악 양식이자 아이콘으로 자리매김했습니다. 아울러 집시의 후예들 가운데 많은 플라멩코 연주자와 보컬리스트가 탄생했습니다.

이 분야의 거장이라 할 수 있는 파코 데 루치아Paco De Lucia로부터 토마티토Tomatito, 디에고 카라스코Diego Carrasco 그리고 비센테 아미고Vicente Amigo 등에 이르는 기타리스트가 지조 있게 지키고 진화시켜 온 누에보 플라멩코Nuevo Flamenco. 이들 덕분에 집시들이 15세기에 처음 스페인에 들어와 뿌린 플라멩코의 유산은, 오늘날 스페인을 넘어 유럽과 남미에서 가장 방대한 영향력을 가진 음악 양식이자 문화가 되었습니다. 물론 쫓겨나고 도망치고 정착하여 생존하던 집시의 정신성을 지키려 노력하는 이들이 있는가 하면, 실험에 비중을 두고 현대의 기호와 입맞춤하려는 변화의 담당자도 있습니다.

세비야 인근 과달카날에서 1967년에 태어난 비센테 아미고는 카마론Camaron, 엘 펠레El Pele, 레메디오스 아마야Remedios Amaya 등 플라멩코 대가들의 연주자나 프로듀서로 활동하면서 여섯 장의 정규 개인 앨범을 발표했습니다. 이 가운데 2000년에 발표한 4집 『이상의 도시Ciudad De Las Ideas』에서 페드로 아즈나르Pedro Aznar의 목소리와 협연한 「사랑한다고 말하기 위한 세 개의 음표Tres Notas Para Decir Teqiuero」가 폭발적인 반응을 얻으면서, 90년대 이후 가장 왕성하게 활동하는 플라멩코 기타리스트뿐 아니라 이 분야의 미래 지도를 앞장서서 그려갈 인물이 되었지요.

또 하나의 앨범 『감사의 오솔길Paseo De Gracia』은 비센테 아미고가 2009년에 발표한 통산 6집입니다. 흥미로운 점은 플라멩코뿐 아니라 넓은 의미의 라틴 팝과도 손을 잡았던 비센테 아미고가 정통 플라멩코에 가까운 좌표로 돌아온 것인데, 타이틀 곡 「감사의 오솔길Paseo De Gracia」을 비롯한 수록곡들 모두가 이를 잘 반영합니다.

현역 플라멩코 가수들 가운데 명인이라 할 수 있는 엔리케 모렌테Enrique Morente가 초빙되어 「자화상Autorretrato」과 「그건 진실일 것이다Y Sera Verdad」를 노래했습니다. 현역 여성 가수로 왕성한 활동을 하고 있는 니냐 빠스토리Nina Pastori가 참여한 「누군가의 사랑Amor de Nadie」 또한 플라멩코의 묘미가 잘 드러난 균형감과 특유의 격정이 잘 조화된 곡입니다. 알레한드로 산스Alejandro Sanz의 목소리까지 합쳐진 「그건 진실일 것이다Y Sera Verdad」는 라틴 팝 애호가의 선택까지 받을 것이며, 엔리케 모렌테의 딸 에스트레야 모렌테Estrella Morente가 노래한 「별La

Estrella」은 신구의 조화가 눈에 띄는 곡입니다.

제목 '감사의 오솔길'은 수백 년간 지배 계층의 악사 노릇을 하고 탄광 노동을 하며 잡초처럼 질긴 생명력과 함께 플라멩코의 유산을 지켜 온 집시들의 고단하고 질긴 생명력에 경의를 표하면서, 플라멩코의 계승자이자 혁신자로서 세계 음악의 변방에서 중심으로 이동하고 있는 그(들) 자신의 길에 보내는 찬미일 것입니다.

플라멩코는 여전히 지상의 모든 여행자로 하여금, 한때 고단하게 이베리아 반도 여기저기를 떠돌며 삶의 터전을 찾던 집시처럼 인생이라는 척박한 길을 걷는 여정에 불꽃같고 바람 같은 로맨티시즘을 선사하는 소재입니다.

소통하고 스며들지어다, 그들의 탱고처럼

바호폰도Bajofondo의 『달콤한 바다Mar Dulce』(2007년)

일렉트로닉 탱고 그룹 바호폰도Bajofondo의 프로젝트 리더 구스타보 산타올라야Gustavo Santaolalla에게는 두 가지 직책이 있습니다. 바호폰도의 수장으로서 아르헨티나와 우루과이의 전통음악인 탱고를 미래 지향적으로 거듭나게 만드는 혁신자의 역할. 또 하나는 변방의 주변인 이야기를 다루는 거장 감독들의 대작 영화에서 이야기와 캐릭터를 관통하는 다문화적 오리지널 스코어를 만들어 내는 조금 특별한 영화음악가의 역할입니다.

이질적인 문화와 삶 사이의 충돌, 그리고 화해의 변증법이라는 문제의식을 제시한 알레한드로 곤잘레스 이냐리투Alejandro Gonzalez Inarritu 감독이나, 동성애를 키워드로 문화와 관습 사이의 갈등을 드러낸 이안Lee Ang 감독의 작품에 참여하여 보수적인 미국인 정서를 반영하는 아카데미상 음악상을 두 번이나 수상한 일은 흥미롭지요. 전통음악 탱고를 현재와 미래를 향해 진보시키는 작업과 얼핏 직접적 연관이 없어 보이지만, 분명히 그것은 돈 버는 작업 이상의 의미 있는 행위일 게 틀림없습니다.

영화 『브로크백 마운틴Brokeback Mountain』에서 구스타보 산타올라야가 작곡하고 기타로 연주하는 오리지널 스코어는 록키산맥을 배경으로 한 두 목동의 허락되지 않은 사랑을 연민으로 감싸는 역할을 하는데, 윌리엄 애커맨William Akerman을 연상케 할 만큼 투명하고, 컨트리나 블루그래스에 일가견이 있어 보입니다.

반면 『바벨Babel』에서는 미국, 멕시코, 모로코, 일본 등의 문명적 소음들과 이질적 코드를 끌어들입니다. 『브로크백 마운틴』에서의 정갈하고 단출한 음악과는 사뭇 비교되는 이 '혼돈'의 무게를 표현하는 데서 산타올라야는 초절정 재능을 발휘합니다. 그는 탱고 전문가이자 기타리스트이면서 이른바 지역음악 혹은 민속음악에 대한 남다른 본능이 발달된 사람임에 틀림없지요. 텍스-멕스, 일본 음악, 중동의 우드를 독학으로 익힌 뒤 섞어서 영화 배경이 되는 모로코를 묘사하는 건 아무나 하는 게 아니잖아요.

산타올라야가 2002년에 결성한 바호폰도는 아르헨티나와 우루과이 출신 탱고 연주자 여덟 명으로 구성되었는데 『달콤한 바다Mar Dulce』는 두 번째 앨범입니다. 첫 앨범인 『바호폰도 탱고 클럽Bajofondo Tango Club』에 대해 다음세대의 탱고 혁명 혹은 라틴 뮤직의 새 방향이라는 찬사를 들은 터라 그 다음은 더 현대적이고 자극적일 거라고 예측했지요.

1집이 탱고와 일렉트로니카, 과거와 현재의 융합이라는 실험에 충실했다면, 영화음악가로서 절정기에 오른 뒤 발표한 2집 『달콤한 바다Mar Dulce』의 산타올라야의 눈매는 일렉트로닉 탱고 너머를 바라보고 있습니다. 아르헨티나와 우루과이의 국경 라 플라타La Plata 강의 동시대적 음악을 창출하면서도 록, 일렉트로니카, 힙합, 발라드라는 당대 대중음악 스타일을 한꺼번에 와락 껴안았습니다. 바호폰도의 이 앨범은 산타올라야와 음악 동지들이 힘 모아 시도한 탱고의 '새로운 발견'이라기보다, 탱고를 포함한 라틴아메리카 음악의 전통과 비-탈非-脫라틴아메리카적인 소리의 교배를 통해 디자인한 발랄한 시도입니다.

구스타보 산타올라야에게 라틴아메리카 대륙은 체 게바라가 모터사이클을 타고 횡단한 그 민중의 터전이며, 그들의 이야기, 혁명, 타대륙과의 스며듦이 이루어진 현장이자 예술과 문화의 매개자로서 정체성을 실현하는 무대입니다. 그 포인트는 주체와 객체를 차별하지 않는 문화와 인간의 공존과 더 세련되고 감동적인 스며듦이지요.

유사 이래, 구약시대의 바벨탑 이야기가 시사해 주는 탐욕과 의사소통과 언어의 곤란한 함수 관계가 문제가 되지 않았던 시대는 없었습니다. 바호폰도 혹은 구스타보 산타올라야를 잘 들어 보세요. 그는 굳건히, 그러나 교묘하게 세계를 향해 '소통'을 말합니다. 바호폰도의 세련된 듯하지만 어느 순간 탱고치고는 우악스럽게까지 느껴지는 육중한 접근법은 말하자면 '소통 좀 해라, 이것들아' 라는 외침인 셈이지요.

은닉된 욕망과 그림자를 아우르고 이해하기(의 어려움)

신이경의 피아노 솔로 『포옹Embrace』(2005년)

음악을 듣는 이유에 대해 생각해 본 적이 있는지요. 음악이 주는 기쁨과 중독과 치유에 관해 더 열거할 필요는 없겠지요. 하지만 우리는 음악에게 더 큰 즐거움을 달라고 손 내밀 줄만 알지 음악에 고마워하거나 그것을 만든 예술가에게 마음으로 보답하는 데는 익숙치 않지요. 더구나 날것의 부드럽고 자연스러운 소리에서 점점 멀어지는 디지털 음원이 생활을 점령해 가고 있으니까요.

MP3 파일에 압축된 날카롭고 건조한 음악을 일회용품처럼 쓰다가 버립니다. 그렇게 점점 음악은 돈만 주면 구해서 쓰다 버리는 소비재가 되어 가지만, 세월이 많이 흘러도 변하지 않을 음악의 생명 또한 지하수처럼 고요하고 엄연하게 자존하지요.

편안한 음악은 때로 집을 벗어나서 새로운 세상을 여행하고 새 공기를 호흡하는 것 이상의 보람을 선물합니다. 실제로 귀찮은 계획 세우기와 비용 계산과 주변 정리 같은 만만치 않은 일상의 벽 때문에 어디론가 확 떠나지 못하는 우리에게 음악보다 좋은 게 있을까요? 굳이 긴장하거나 정색하며 듣지 않아도 되고, 듣다가 잠이 들어도 상관없지요. 그저 제 몫을 하려고 최선을 다하고 다시 침묵 속의 제자리로 돌아가는 음악. 사는 일이 곤궁하고 고달파서 외로운 자에게는 조건 없이 말없이 잠시 옆에 있어 주는 음악이 필요할 따름입니다. 지나치게 친절하지도, 그렇다고 너무 거만하지도 않은.

임의로 어떤 낯선 시대로, 시간을 거슬러 올라가 보는 미로 속에 들어갑니다. 중세 암흑기 유럽의 어느 변방. 악마 같은 권력과 암투를 벌이고 유약한 질투에 떠밀려 쇠락한 영주의 기묘하게 쓸쓸한 뒷모습. 지나간 영광이나 추억에 의존하지 않고서는 현재를 버틸 수 없는 약자의 그림자. 그의 등을 쓰다듬는 알 수 없는 손길. 다시 일어설 자아의 힘을 되찾기 전에 이미 시간의 가혹한 블랙홀 안으로 몰락해 들어간 쓸쓸한 트란실바니아의 드라큘라 백작. 그가 미처 다 말하지 않은 연민의 기록.

아니면 19세기 노르웨이 작가 입센이 쓴 『인형의 집』으로 들어가 볼까요? 노라의 분노. 인형의 집에서 탈출했다가 다시 돌아온 노라. 그러고는 남편을 죽이고 나서야 정말 시원하고 서럽게 우는 노라. 그 허탈한 대문 앞에서 우두커니 서서 어디로 가야 하나 생각하는 그녀의 진공 상태.

혹은 『디 아워스The Hours』의 에피소드에 등장하는 금발의 로라 브라운에게 가 볼까요? 남편의 생일을 위해 아이와 함께 케이크를 만들어 놓고 수면제를 가득 담은 핸드백을 들고 집을 떠나는 그녀. 차마 그 하얀 망각의 문을 열고 나가지 못하는 불쌍한 로라 브라운. 그녀 앞에서 귀엽고 동그란 얼굴에 지친 기색을 보이고 마는 어린 아들. 그 밖에도 무수히 점점이 박혀 있는 어둠과 상처와 욕망과 운명의 희생자들, 혹은 창조자들.

고요하지만 흑백의 경계가 갈라지는 지경의 강한 도발이 호숫가의 갈대 뿌리처럼 절반쯤 숨겨진 음악이, 음악가가 있습니다. 자유롭기 짝이 없는 환상이, 완고한 어떤 기품 안에 마술처럼 존재하는 영성의 음악가. 때로 피아니스트 신이경의 존재감은 그렇게 기묘합니다.

자연의 빛과 그림자에 관해 관조적으로, 그러나 처연하게 그린 무채색 소묘와 같은 첫 번째 작품집 『비 오는 숲』에 이은 두 번째 작품집 『포옹Embrace』의 주제는 성애性愛입니다. 도발적이고 관능적이어야 함에도 불구하고, 자연과 인간의 고적한 비극적 운명에 대해 인상주의적인 심상으로 읽어 들어가는 접근법은 여전합니다. 텅 비어 있는 듯 그러나 우아한. 참을성을 가지고 자세히 들여다보면 미세한 혈관처럼 삶의 한순간도 놓치지 않고 그려 놓았습니다.

신이경의 음악을 사진으로 비유한다면 지독하게 객관적이고 차가운 듀안 마이클Duan Michael이 아니라 얀 사우덱Jan Saudek의 비현실적이고 데카당스한 낭만성에 가까울 것입니다.

관조적 자연주의자의 시선에서 성애에의 예찬으로 변신? 선정적인 호기심으로 관심을 두면 실망할 수도 있겠지만, 아무튼 세상에서 버림받은 혹은 세상의 변두리 그늘 속으로 도피해 간 두 연인의 심상을 묘사한 『포옹Embrace』의 연주곡에서, 신이경은 도착이나 갈등을 넘어선 마지막 사랑과 구원의 뉘앙스를 구현합니다.

작곡가이자 연주자로서 그가 본디 품고 있는 인상주의적 기질은 여기에서 조금 색다른 낭만성을 보여 줍니다. 일견 라흐마니노프나 라벨을 떠올리게 하는 선율과 스케일은 마치 겹겹이 쌓여 보이지 않는 사랑의 신비와 낭떠러지 같은 마지막 일탈의 환상을 표현하면서도, 의도와는 달리 다소간 관념적인 문법을 느끼게도 합니다.

음악가가 사물이나 인간에 대해 무언가를 밀도 있게 말하거나 암시할 때 눈여겨보아야 할 것은 무엇일까요? 하나는, 얼마나 주제나 대상의 속성을 간명하고 설득력 있는 감각으로 표현했는가. 또 하나는 일상적 언어와 일상적 시선으로 일갈할 수 없는 무의식과 상상의 영역을 더듬는 음악 언어가 존재하는가. 서늘한 몸짓 속에 뜨거움을 숨기고 있는 피아니스트 신이경의 로망은 외로움과 공존하는 사람(혹은 자신)의 숨겨진 그림자를 연금술사처럼 자기만의 기호로 고백하는 것입니다.

고대의 연금술은 과학과 영성의 불가해한 조합이자, 실패의 두려움이나 절대 고독과 근친한 시간과의 어두운 대결이었습니다. 피아노 건반을 통해 무겁고 처연하게 사랑의 환상과 공포를, 그리고 그것으로부터 자유로울 수 없는 모든 세상 남녀의 아니마와 아니무스를 찾아나서는 일. 모든 음악가에게서 고단한 연금술사의 그림자를 느끼게 되는 것은 아닐지라도 그의 모호한 공명 속에서 그 수수께끼를 풀고 싶은 욕망을 느낄 따름입니다.

바람이 속삭이는 너의 이름을 가을

염세적인, 지독히 아름다운 멜로디의 위안 속으로

닉 드레이크Nick Drake의 『다섯 잎 남았네Five Leaves Left』(1969년)

잊어버려야 할 기억이 있어서 그 위에 덮어씌우는 새로운 기억들이 있습니다. 만약 쉽게 잊을 수 있다면 억지로 무언가를 덮어씌울 필요가 없겠지요. 아무 구실도 없이 차마 잊어버릴 수 없기에, 새로운 기억은 씁쓸하게 떠날 기억의 자리를 대신합니다. 결국 자리를 내주고 파도처럼 밀려나는 기억도, 그 망각과 고통의 자리를 차지해야 하는 운명의 기억도 쓰디쓴 존재의 엇갈림을 증명하는 주인공일 뿐입니다.

가을 속으로 소리 없이 들어와 버렸습니다. 어느새 바람이 깊이 불고 여름내 지쳤던 불빛은 그 가치를 환하게 밝힙니다. 빛과 어둠이, 침묵과 환희가 교차하고 공존하는 시간에, 자꾸 생각나는 것이 있습니다. 그것이 추억이든 회한이든 상처든 잊으려고 애쓰며 잠 못 드는 사람의 영혼 속에서 자꾸만 돌이켜지는 반추의 무거움이 점점 자리를 잡습니다. 그리고 그것에 사로잡힌 영혼을 위로하는 음악들.

젊은 날, 너무 자유롭거나 혹은 너무 고독해서 그 자신의 영혼과 육체를 감당하지 못하고 영원한 심연 속으로 던져 버린 1960년대 사람, 닉 드레이크Nick Drake. 그는 선병질적이고 감성적이며 예민한 외모와 목소리로, 마치 마른 나무 줄기 속에서 미세하게 흘러가는 수액처럼 삶의 신비를 노래했고, 그 또한 부질없음을 염세적으로, 자연주의적으로 읊조렸습니다. 실패한 사랑, 죽음의 유혹, 멜랑콜리한 고독에 관한 노래는 그의 성격과 성향을 대변해 주는 듯합니다.

그는 천성적으로 자폐적이고 내성적인 성격 탓에 자신을 응시하는 청중을 쳐다보지도 못했지만 음악 외에는 스스로를 위안할 수 없었던 아이러니를 품고 있었습니다. 외교관 아버지 슬하에서 이곳저곳을 유랑하는 성장기를 보내고 영국 케임브리지 대학생이 된 그는 너무 이른 나이에 세상의 무상함과 그 무엇도 '지속되지 않음'의 좌절 안으로 자신을 밀어 넣은 우울한 천재입니다. 좀 더 오래 기다렸다면, 무위자연의 '소멸'의 법칙 안에서 한 꺼풀 벗겨진 허무와 자유를 그대로 받아들일 수 있었을지도 모르지요. 하지만 자연의 느림을 기다리기에는 그의 청춘이 너무 무겁거나 너무 가벼웠는지도 모르겠습니다.

방 안에서만 웅크리며 창문을 통해 세상의 빛을 조용히 바라보던 소년. 햇빛과 공기와 바람과 나무를 그 창문 속에서만 흠모하던 소심한 시인. 음악만큼이나 신경안정제를 지나치게 많이 즐기던 그의 먹먹한 콧소리와 장식 없이 담담한 창법에서 아이러니하게도 '초월'을 발견한다면 지나친 것일까요.

잿빛 하늘이 더욱 낮게 드리운 오늘 새벽에는 닉 드레이크의 1969년 앨범 『다섯 잎 남았네Five Leaves Left』의 「시간은 내게 말했지Time Has Told Me」「리버 맨River Man」을 고즈넉이 들으며, 좀처럼 망각의 강으로 떠나지 않는 마음속의 상처를 위무해 봅니다.

절망과 자유를 노래하며 스스로를 구원하던 닉 드레이크가 표정 없이 그러나 아름답게 읊조리는 삶의 색깔은 보라색이었을까요? 아니면 실은 초록색이었을까요? 결코 늙지 않고 떨어지지 않는 하나의 잎사귀는 수시로 색깔을 바꾸기도 합니다. 그저 갈바람이 불 때 흔들리고 가을비가 떨어지면 조용히 울겠지요.

당신의 마음 안에서 조용히 울고 싶어 하는 나무가 하나 숨어 있다면 60년대 영국 청년의 아름다운 염세와 만나 보기를. 별것 아닌 것 가지고 징징대는 자신의 속 좁음이 무색하든가, 시간을 뛰어넘어 길고 먼 고독의 항로 안에서 공명하는 음유시인의 창백한 위로가 따뜻하든가, 둘 중 하나일 겁니다. 덕분에 여름에 떠나지 못한 가을 여행을 떠나게 될는지도 모르지요. 그 여정에서 밤 한가운데 빗줄기마냥 쏟아지는 별들을 만나걸랑 이렇게 인사라도 하길.

"그래, 이제 살면서 너희와 이렇게 고즈넉이 마주보며 인사하는 날들이 실제로는 얼마나 많을라고. 별들아, 안녕."

아 참, 닉 드레이크가 부른 「우울로 가는 길Way To Blue」이나 「하루가 저물고Day Is Done」를 들을 땐 혹시 모르니 종이와 펜 그리고 맛없는 커피라도 한 잔 같이 놓아두세요. 완전히 잊기 전에 너무 고독해지거나 마음속 상처가 물처럼 흘러내리면 차마 하지 못한 말이라도 적어보는 거지요. 싸구려 커피라도 한 잔 함께 있어 주면 또 얼마나 고마운데…….

아스팔트 위의 고독한 자연주의자

마이클 헤지스 Michael Hedges**의 『마이클 헤지스 베스트**The Best Of Michael Hedges**』(2000년)**

구름이 몇 갠지 셀 수 없는 것처럼 애매모호하게 흘러가는 시간들, 친숙하지 않은 음악 소리, 때로는 비현실적인 느낌과의 조우, 작은 날개로 무지막지 먼 곳까지 날아가는 상상. 그런 모든 것과 한 테이블에 앉아서 대화하는 고요하고 서늘한 저녁 시간을 좋아합니다. 이왕이면 붉은빛과 보라색의 스펙트럼으로 물들어 있는 지평선이 보인다면 더욱 안심입니다. 눈을 감아야만 더 잘 들리고, 온몸에 힘을 빼야만 더 흥이 납니다.

사람들 틈바구니에 있기보다는 혼자 있어야 이상하게 채워지는 공허와 충족의 모래시계와도 같은 여행자의 음악이 필요할지도. 여름을 다 떠나보내고 추석도 보내고, 잊기로 한 것들에 대한 마음의 교통정리도 대충 돼 가려는 가을. 골목에 늘어지는 그림자마저 홀쭉해 보이는 어느 날, 머릿속에서 울리는 팅- 하는 기타의 차가운 소리가 다가옵니다.

언제나 혼자였던 기타의 구도자, 대기권 안과 밖을 넘나드는 구름과 공기들을 관찰하며 무중력의 음악을 속삭이던 이야기꾼, 뉴에이지 음악의 큰 산맥 마이클 헤지스Michael Hedges. 윌리엄 애커맨William Ackerman이 창설한 뉴에이지의 산실 윈드햄 힐Windham Hill 소속의 아티스트들 가운데서도 가장 파격적인 스타일과 공고한 자기 세계를 가진 자였습니다. 지극히 과묵하고 무표정하지만, 황무지와 낙원이 혼재하는 이 세상의 자연을 만든 신에게 고마움의 엽서를 쓸 줄 아는 사람입니다. 격렬한 외침보다는 시작에서 끝을 정확하게 측량하면서, 서두르는 법이 없는 그의 기타와 목소리에는 그래서 짙은 코발트 블루색 종이 위에 젤라틴으로 꾹꾹 눌러쓴 글씨처럼 은은한 위엄이 서려 있습니다.

산들바람처럼 섬세한 핑거 피킹과 폭풍우같이 몰아치는 해머링, 양손 태핑 등 그가 구사한 기타 테크닉은 교과서에조차 나와 있지 않은 것입니다. '잔인한 신화의 기타Savage Myth Guitar'라고 자신이 명명한 역동적인 그의 스타일은 아마도, 여섯 줄의 현으로 인간과 자연과 시간을 포괄적으로 상징하고 표현하고 위무하기 위한 조용하면서도 스케일 큰 지휘자의 모습입니다.

사람의 목소리와 흡사한 떨림을 지닌 첼로나 바이올린과는 달리 일견 무심하고 냉랭하게 들리기도 하는 어쿠스틱 기타의 소리는, 타악기이자 현악기인 그 자신의 운명처럼 경계와 벽을 의식하지 않고 말없이 지나가는 수도승 혹은 돌멩이 같습니다. 이 기타를 가지고 마이클 헤지스는 욕망과 상실과 분노와 격정 안에서 불을 붙이듯 울고 떨다 쓰러지기도 환호하기도 하는 인간의 불안한 내면을 바라보기보다는, 각각 하나의 점처럼 톡톡 움직이고 정지하는 부표 같은 인간들이 모여 있고 흩어져 있는 이 지구, 세상, 우주를 노래합니다. 스산한 바람과 일몰, 일출의 반복 속에서 별과 달과 은하계 안의 비밀이랄지 대기권에서 바라보는 지상의 풍경들이 그 기타 안에 담깁니다.

마이클 헤지스는 미국 오클라호마 태생입니다. 플루트와 피아노를 공부하다가 볼티모어의 피바디 음대 시절에 클래식 기타와 컴퓨터 음악 속으로 침잠하면서 우주를 꿈꾸고 명상하는 자연주의자가 탄생한 것입니다. 뉴에이지 기타의 대가였던 윌리엄 애커맨과 헤지스의 운명적인 만남은 1980년 스탠포드 대학에서 열린 컴퓨터 음악 세미나에서였다고 합니다. 그곳에서 묵묵하게 연주하는 마이클 헤지스를 한참동안 유심히 바라본 윌리엄 애커맨은 침착한 품성에 어울리지 않게 어지간히 급했는지, 즉석에서 식탁의 냅킨에다 계약 내용을 써서 건네주었습니다. 마이클 헤지스는 그저 말없이 애커맨을 물끄러미 바라보다가 사인을 했지요. 그렇게 해서 마이클 헤지스의 데뷔 앨범 『들판에서의 아침식사Breakfast In The Field』(1981년)가 세상과 만나게 되었습니다.

『마이클 헤지스 베스트The Best of Michael Hedges』(2000년)는 20년 동안 어쿠스틱 기타 한 대로 몸과 정신을 벼려 온 그의 진수를 모아 놓은 앨범입니다. 지미 헨드릭스Jimi Hendrix가 연주하기도 했던 밥 딜런의 명곡 「감시초소들을 따라All Along The Watchtower」를 제외하면 모두 헤지스 자신이 작곡한 음악으로 채워져 있습니다.

이른바 통기타라고 부르는 웨스턴 스틸 기타 한 대로 우주와 세계를 묘사하던 고독한 여행자, 그의 대표적인 연주곡 「공기의 경계Aerial Boundaries」에서의 몽환적이고 신들린 듯한 왼손 핑거링은 거대한 구름 속에 숨은 저녁노을의 메시지처럼 아름답습니다. 「세계의 여성Woman of The World」「돌아오는 길Road to Return」에서 들려오는 짙은 가을의 저녁 바람같이 초탈한 목소리는 닐 영을 생각나게 하면서도 들을수록 속이 개운해집니다.

인적 없는 캘리포니아 주 멘도시노의 외곽 아스팔트 길 위에서 1997년 원인을 알 수 없는 자동차 사고로 '공기 같고 꿈 같은 경계 Aerial Boundaries' 속으로 사라져 버린 마이클 헤지스. 그가 무위자연에 관해, 혹은 아름다움과 황폐함이 공존하는 세상을 선물한 신에게 남겨 놓은 무심한 필체를 느껴 보세요. 그리고 다시 당신이 가야 할 길을 전보다 천천히 걸어가면 좋겠습니다.

바람이 속삭이는 너의 이름을

이소벨 캠벨 Isobel Campbell**의 『아모리노**Amorino**』(2003년)**

세상에 사는 두 종류의 인간. 방파제 같은 것이 파도를 막아 주는 바닷가 마을에서 먼 수평선을 바라보며 알 수 없는 노래를 입속으로 웅얼거리며 저녁 바람처럼 사는 사람. 그리고 도시의 중심부 가장 높고 단단한 곳을 향해 늘 치열하게 싸우며 전진하는 사람. 그대는 어떤 사람입니까?

인간에 대한 희망, 사랑에 대한 열망 때문에 우리는 성장하고 넘어지곤 합니다. 그 화려한 좌절이 덧쌓이다 보면 언젠가 이름 모를 바닷가 마을에 당도하든지, 아니면 도시 한가운데 꼭대기에 서 있겠지요. 하지만 사람이 사람에게 가르쳐 주고 배우는 것이 다 진실은 아닐 때가 있습니다.

나비, 꿀벌, 무당벌레, 거미, 개구리, 뱀과 같은 조용하고 서늘한 생물만이 알 수 있는 비밀들이 이 세상에는 많을 겁니다. 동물은 동물대로, 식물은 식물대로 제각기 생겨난 섭리에 맞는 삶을 살면, 살아 있으나 죽으나 옳은 것도 틀린 것도 없을 테지요. 뒤틀리고 분노에 찬 삶 뒤에는 늘 '소유'와 '질투'가 숨어 있습니다. 가지고 싶으나 가지지 못하는 대상과 자신에 대한 분노와 모멸은 늘 아름다움과 추함의 대비를 점점 극대화합니다. 하지만 결국에는 쟁취한 것과 그렇지 못한 것 사이에 아무 차이도 없다는 걸 깨닫게 되는 것이 인생의 아이러니이고, 곤충이나 양서류들의 고요함 앞에서 소름끼치는 엄숙함과 경외심을 가지게 되는 영장류의 고통입니다.

언제나 사랑은 신기루입니다. 손에 잡힐 듯 가까이 왔다가도 잡으려고 손을 내밀고 몸을 숙이면 저만치 있고. 사랑을 주는 일에 익숙한 이도 마음속에는 자꾸만 빈집이 늘어납니다. 그저 사랑하는 '마음'을, '열정'을 자기 안에 차분히 담아 놓고 그 대상을 향해서는 하나라도 더 이해하려는 과정, 그것이 '덜 피폐해지는' 사랑법입니다. 그런 건 이미 다 유치원 때 배웠다고요? 그럼 말없이 음악이나 듣는 수밖에. 짧은 노래 속에 담긴 연민과 반추의 시와 멜로디가 위로해 주는 것은 의외로 많지요. 신기루 같지만 늘 언제나 머리 옆에서 바스락거리는 벽 속의 그것.

참으로 영국적인(역시 닉 드레이크를 닮은!) 음악 소녀 이소벨 캠벨Isobel Campbell은 벨 앤 세바스찬Belle & Sebastian의 멤버였다가 솔로로 독립한 뮤지션입니다. 젠틀 웨이브스Gentle Waves라는 사이드 밴드를 갖고 있기도 합니다. 늘 그녀의 음악 문법 가운데는 프렌치 팝 혹은 이탈리안 팝 스타일이 잠재되어 있습니다. 아모리노Amorino, 이탈리아어로 큐피드 혹은 사랑의 신을 뜻합니다. 그리고 작은 연인, 작은 사랑이라는 뜻도 있습니다. 작지만 커다란 사랑.

이소벨 캠벨은 사랑에 관해 이렇게 말합니다. 사랑은 로맨틱한 것만은 아니고 광대한 주제라고. 사랑 혹은 사랑의 결핍이라는 것은 모든 인간 존재에 스며드는 것이고, 그것은 무의식적으로 우리의 삶 속으로 배어들어 우리가 하는 갖가지 선택에 영향을 미친다고. 심지어 우리의 성격에까지도.

"황금을 봤지만 마실 수는 없었어."

지독한 고통과 불행만 눈앞에 보이는 번민의 바다, 그 앞에서 울부짖은 랭보의 독백이 그녀에게 다시 찾아옵니다. 그리고 그녀는 바람을 만나 그가 속삭이는 말을 들으며 스스로를 조금씩 구원해 갑니다. 바람이 가리키는 물속으로 들어가 바다를 향해 나아가고, 작은 물고기와 뱀장어, 개구리들이 뒤를 졸졸 따라갑니다.

「바람이 속삭이는 너의 이름을The Breeze Whispered Your Name」「이곳은 젖이 흐르는 땅This Land Flows With Milk」「가엾은 나비Poor Butterfly」, 이 세 곡만으로도 상처 입은 마음에 위로가 될 것입니다.

바람이 네 이름을 속삭이는 거야.

내 귀에 들릴 만큼 충분히 길게

나무도 똑같이 속삭이는 거야.

그럼 내가 해야 할 일은 너를 따라가는 거겠지.

—「바람이 속삭이는 너의 이름을The Breeze Whispered Your Name」중에서

치유를 위해 세상에 보내진 트롬본과 기타의 이중주

닐스 란드그렌 Nils Landgren**과 요한 노르베리**Johan Norberg**의 『챕터 2**Chapter 2**』(1989년)**

가지고 싶은 것과 그걸 가지려 하는 자신의 부족함 때문에 아파해 본 적 있을 겁니다. 또는 힘들어하는 스스로가 참 안됐다는 생각이 들 때도 있을 테지요. 너그러워져야 한다, 모두 받아들여야 한다, 이해해야 한다, 그렇게 살며 행복해야 한다……. 자신은 아프지만 겉보기에는 너그러움으로 포장되는 것이 우리의 속마음입니다. 그것들과 함께 날마다 오솔길을 걷는 것에 익숙해지다 보면 어느새 시간이 저만큼 가 있습니다.

사실은 너그러운 게 아니라 참는 거지요. 속에 구멍을 뚫는. 그릇

이 작아서 어쩔 수 없이 구멍을 뚫어서 내보내는 겁니다. 따라서 무슨 음악을 들어도 아플 수밖에요. 그래서 음악을 듣고 싶지 않을지도 모릅니다. 그런데 항상 듣지요.

치유를 위해 만든 음악은, 치유 받아야만 하는 환부에 대한 자각 때문에 또 아프기 마련입니다. 그런 건가 봅니다. 그냥 세월이 가는 수밖에 없는. 음악을 듣는 일이 어떤 때는 가학과 자학을 넘나드는 일입니다. 골목길에서 몸집이 가장 큰 아이처럼 폼 잡을 때가 참 편했는데 이미 오래전에 지났지요.

이제는 현명하고 지혜롭게 그리고 실용적으로 음악을 고르는 게 필요하다는 생각에 이릅니다. 너무 독한 약처럼 원래 아픈 데를 깨끗이 낫게 하는 대가로 위와 간을 상하게 하는 것보다는, 원래 아픈 데를 조금 덜 아프게 하면서 자신을 돌볼 수 있는, 기운을 차리게 천천히 도와주는 그런 약이 낫겠습니다. 어떤 사람에게는 독이 되고 누군가에게는 약이 될 수밖에 없는 게 음악인데, 스웨덴의 이 중량급 음악가들은 독이 되기에는 너무나 정직하고 진중한 음악을 들려줍니다.

결코 너무 젊어서는 만들 수 없는, 삶의 균형을 찾아가는 일이 얼마나 고독하고 위태로우며 조심스러운 일인가를 체득한 사람들이 들려주는 음악입니다. 그래서 자칫 소음이 되기 쉽고 객관적이지 못하기 십상인 자기도취의 영역에서 벗어나 있습니다.

닐스 란드그렌Nils Landgren과 요한 노르베리Johan Norberg. 언제나 어디론가 방랑을 떠날 준비가 되어 있는 듯한 청바지와 긴 바바리코트 차림의 두 남자는 트롬본과 기타 그리고 목소리라는 악기를 무리하지 않고 섬세하게 다룹니다. 스칸디나비아 반도의 대표적인 날씨처럼 스산하고 쓸쓸하지만, 그 차가운 공기 속에 작은 등불과 난로가 있는 가난한 시골집을 찾아 헤매는 여행자들. 너무 많은 걸 요구하거나 기대하지 않고, 떠날 때가 되었을 때 생색내지 않고 담담히 떠날 줄 아는 사람.

우리 모두는 크고 작은 도시의 사막과 부황한 약속의 틈바구니에서 통행하는 여행자들입니다. 그 무엇도 완전히 귀속되는 관계는 없으며, 그 아무것도 아닌 완전한 허무도 자유도 존재하지 않는 애매한 지경에 살고 있습니다. 그런 우리는 두 가지 유혹을 안고 삽니다. 누군가에게 혹은 어딘가에 구속되고 싶은 욕망, 그리고 어디서도 누구로부터도 해방되고 싶은 욕망. 그 괴리를 가슴으로 겪는 게 힘들 때 음악에 기대는 일은 작은 회오리바람인 자신에게 최대한 객관적이 되는 길일지도 모릅니다.

좋은 음악은 그렇게 쓸쓸하거나 아픈 우리를 너무 많이 벗어나지 않도록 도와주기도 합니다. 차가운 이성이 만들어 주는 매정한 사슬의 격리가 아닌, 물방울처럼 서서히 스며드는 마음의 위로. 우리 자신이 가진 소중한 마음의 등불을 다시 켜게 만드는 성냥불 같은.

스칸디나비아 반도의 재즈는 미국의 재즈와는 맛이 많이 다릅니다. 항상 추운 날씨와 드문 인적, 그리고 조용한 풍광 속에서 그들은 아주 미려한 빛, 온기를 추구합니다. 너무 침잠하지도, 용솟음치지도 않는 절제와 중도가 있습니다. 트롬본과 트럼펫을 불며 노래 부르는 닐스 란드그렌과 기타리스트 요한 노르베리는 그런 스칸디나비아 재즈와 모던 포크 음악의 모범답안입니다.

1989년 스톡홀름에서 만들어진 두 사람의 앨범 『챕터 2Chapter 2』에는 쌀쌀한 늦가을 광활한 스칸디나비아 일대를 느리게 여행하며 조율했을, 아름답고 겸손하지만 지성이 깃든 음악이 있습니다. 비틀즈의 명곡 「일리노어 릭비Eleanor Rigby」는 이 두 남자에 의해 깃털처럼 가벼우면서도 더 성숙한 느낌으로 갈무리되었고, 닐 영의 노래 「사랑만이 당신의 마음을 열 수 있지Only Love Can Break Your Heart」는 원작자에 대한 존경을 감추지 않으면서도 사랑에 대한 소박하고 진실한 태도를 눌러 담았습니다. 다분히 자폐적이었던 명곡 「마이 퍼니 발렌타인My

Funny Valentine」은 도리어 원숙한 연민의 미학을 찾은 느낌입니다. 「사랑하던 마음은 가고There Goes My Heart」는 이별 앞에서마저 따뜻하고 친절합니다.

이 독특한 해석들도 매력적이지만, 이 앨범의 백미는 요한 노르베리가 만든 「뜨거운 프라이팬을 벗어나Out of The Frying Fan」입니다. 뜨거운 프라이팬과 같은 인생의 굴레로부터 자유로워지고 싶은 욕망을 그렇게 느리고 서늘하게, 그리고 남김없이 묘사할 수 있다니. 이 두 사람의 트롬본과 기타는 화려하지 않지만 끝까지 얘기를 들어주는 책임감이 느껴집니다. 그것이 요리하는 진지함과 유머는 인생을 너무 쓰거나 지나치게 달게 취급하지 말고 좀 더 담담해지라고, 그리고 너그러워지라고 말하며 어깨를 두드려 주는군요.

슬라브의 추억, 맨해튼 야경 안으로

안나 마리아 요뻬끄 Anna Maria Jopek**의 『기쁨**Upojenie**』(2002년)과 『맨발**Barefoot**』(2003년)**

산을 하나 올라야 한다고 칩니다. 꽤 높고 험한 산이겠지요. 출발할 때 조금은, 혹은 많이 부담이 됩니다. 언제 정상까지 갔다가 돌아오나. 사고 나지 말아야 할 텐데. 발걸음에는 기대와 함께 조바심과 긴장이 묻어납니다. 그러나 잠깐의 시간이 지난 후 이 산에게 지지 않고 정상을 밟을 수 있겠구나 생각이 들기 시작하면, 사람의 표정은 밝아지고 다리에는 힘이 솟게 마련입니다. 사고도 나지 않지요. 요는 두려움을 딛고 이부 능선까지만 올라도, 산이 호흡하는 걸 느낄 수 있고 나와 산이 함께 숨 쉬는 걸 느낄 수도 있습니다.

좀 더 나아간다면 산의 형세가, 실루엣이 감각 안으로 포착됩니다. 아직 올라야 할 팔 할이 남아 있더라도, 그것의 실루엣이, 외곽선이 마음의 시야에 잡히고 나서부터는 그저 시간과 마주보는 일이 됩니다. 사는 일 대부분이 그런 것 같지요. 예정되지 않은 행로를 따라서 누구도 가르쳐 주지 않는 미망의 지도를 그려 가며 사는 이에게는 더욱 절실한 이야기일지도 모릅니다.

때로 공동의 고립감은 혼자 외로운 사람이 느끼는 압박감을 덜어준다고 합니다. 낯선 곳에서 사람들과 거리를 두고 혼자서 커피를 마시는 남자와 여자들. 누군지 알 수는 없지만 나와 비슷한 사람들이 듬성듬성 타고 있는 밤기차 안의 적막. 이국의 싸구려 호텔 로비나 오래된 기차역 내의 카페처럼 외로운 공공장소에서 공존하는 고립감과 묘한 익명의 공동체 의식. 집에서는 볼 수 없었던 투박하고 차가운 불빛. 그러나 도리어 그것들이 위선으로 덧칠된 개인적 일상의 환멸을 보상해 주는 경험이, 목적지 없는 여행을 떠나 본 사람에게는 있지요. 늘 지겹고 실망스러운 앵무새 같은 피난처보다 열악하고 무감각하고 넓어서 익명성이 보장되는 공간에서 모르는 사람들과 함께 애매하게 묻혀 있는 상태의 편안함. 이름도 사연도 알 수 없는 저 남자, 저 여자들의 쓸쓸한 표정에서 두려움보다는 동질감을 느끼는. 안나 마리아 요뻬끄를 들으면 그런 장면이 연상됩니다.

안나 마리아 요뻬끄Anna Maria Jopek는 재즈와 월드뮤직의 범주를 포괄하는 음악 세계를 지닌 보컬리스트입니다. 재즈 보컬리스트인 그녀는 슬라브 고전음악의 두터운 산맥에서 단련 받았음에 틀림없는 단단하고 날카로운 스타일의 음악을 발산합니다. 또한 하나의 앨범에서 자신의 삶과 이야기 전부를 보여 주려는 듯 드라마틱한 기운이 가득한 음악은, 탁함과 맑음이 섞인 톤의 목소리로 속삭이듯 노래하지만 칼끝처럼 정확한 프레이징과 호흡에 실려 나옵니다.

고독과 슬픔과 반추로 버무려진 감정과 서정으로 가득한, 그러나 한순간도 절제와 긴장과 냉정함을 잃지 않는 보컬. 우울하고 차가운 바르샤바의 잿빛 공기가 시끌벅적한 맨해튼의 밤거리에서 춤추는 음악. 장르와 스타일을 넘어 안나 마리아 요뻬끄는 이 세계 도시의 밤을 순례하는 노마드에게 송신합니다.

"두려워하지 말아요. 잊히는 것도, 무언가와 또다시 맞닥뜨리는 것도."

폴란드 바르샤바의 쇼팽 음악아카데미에서 클래식 피아노를 공부한 안나 마리아 요뻬끄는 훗날 맨해튼 음악학교에 유학하여 재즈를 공부합니다. 이때부터 그녀는 모차르트 협주곡을 연주하는 걸 포기

했고 라벨에의 흠모를 키스 자렛를 향한 그것과 트레이드합니다. 나아가 피아노를 최대한 절제하고, 보컬리스트로서의 자기 색채를 창출하는 혁신을 시도했고, 십 년가량 구도자와도 같은 음악 순례를 통과하면서 그 혁신은 완성의 경지에 다다른 듯합니다. 명실상부한 코즈모폴리턴, 안나 마리아 요뻬끄는 폴란드 민속음악과 클래식이 중심과 터전을 잡아 준 감성과 철학 위에서, 재즈의 문법으로 심연에 호수처럼 고여 있던 슬라브의 풍경과 소리와 환상을 재현합니다.

이미 많은 음악상을 유럽에서 섭렵했지만 "음악 그 자체가 나에겐 최고의 상"이라고 덤덤하게 말하는 안나 마리아 요뻬끄. 앨범 『기쁨 Upojenie』(2002년)에서 어쿠스틱 기타로 중무장하여 더 깊고 좁은 공간감을 창출한 팻 메스니와 완벽한 호흡을 보여 준 그녀는, 그 앨범에서 팻 메스니의 명곡들(「함께 가고 있나요?Are You Going With Me?」「집으로부터 온 편지Letter From Home」「팔로우 미Follow Me」「또 다른 인생Another Life」 등)을 폴란드어로 완벽하게 소화함으로써 새로운 해석에 성공했습니다. 그녀의 절친한 친구이자 음악 동료가 되어버린 팻 메스니는 이렇게 말했지요.

"안나는 오리지널입니다. 독창적이고, 이국적이고, 용기 있으며 현대적이고 열려 있는, 위대한 뮤지션입니다."

팻 메스니에게 이 정도의 상찬을 듣는 일이 그리 용이하지는 않을 텐데, 안나 마리아 요뻬끄를 동시대 음악인 가운데 또 한 명의 젊은 거장으로 기록하게 되는 날이 멀지 않은 걸까요. 아직은 차분하고 고요하게 이방인의 언어를 재즈의 캔버스 위에 색칠하고 있을 따름이지만.

2003년에 발표한 앨범 『맨발Barefoot』은 폴란드어와 슬라브의 상상력이 환상적 이미지 안에 녹아 있는 작품입니다. 동양적인 선율과 고전주의적 화성이 때로는 평온한 호수처럼, 때로는 깊은 낭떠러지처럼 교차하는 음악을 들으며, 우리는 막막한 대지를 걷는 쓸쓸한 성찰을 얻을 수도 있고, 가없는 몽상의 주술적인 떨림을 경험할 수도 있습니다. 차가우면서도 따뜻한 기타, 피아노, 색소폰 등 어쿠스틱 섹션과 필하모닉 스트링 섹션이 빈틈이나 오차 없이 배치된 구성은 무척 회화적이지만 수학적이기도 합니다.

재즈 보컬리스트로, 작곡가로, 피아니스트로 자기만의 언어를 확립한 요뻬끄의 모든 면모가 담겨 있다고 해도 과언은 아닐 것입니다. 2000년에 발표한 앨범 『보사Bosa』의 피아노 연주 「맨발Barefoot」(러닝타임 50초에 불과하지만 명료한 성찰이 담겨 있는!)을 추가하여 재발매한 이 앨범에는 동유럽 민속음악과 고전주의에 녹아든 재즈의 현대성이 전

시되어 있습니다.

음악 안에서 현대라는 바다를 항해하는 노마드의 배타적인(알랭 드 보통Alain de Botton이 묘사한 저 익명의 공공성이 주는 서늘함과 편안함에 익숙한) 인생철학과 미감을 대변합니다. 마치 잿빛으로 바래져 가는 오래된 사진처럼, 아름답게 방치된 자유로운 규율을 따라 스스로 고독의 위안을, 때로는 위악적으로 쾌락하는 자들의 알 수 없는 미감을.

시간과 공간,
저녁과 밤 사이를 향한 단독비행

마이클 브룩 Michael Brook**의 『코발트블루**Cobalt Blue**』(1992년)와 『검은 바위**Black Rock**』(1998년)**

만약 당신이 지금 생애를 혐오하고 있다면, 다음 생애를 기약할 것입니까? 적어도 지금보다는 나은 생을 원하는지요? 아니면 다시는 세상의 한 입자로 태어나지 않기를 바라나요? 물론 그것을 스스로 결정할 도리는 없고 우주의 섭리대로 될 것이지만. 같은 질문에 자답해 본다면, 나는 다시 태어나고 싶지 않은 쪽입니다. 이생을 마지막으로 조용히 소멸되고 싶어요. 만일 꼭 다시 태어나야 한다면, 사람이나 동물이 아닌 물의 입자로 태어나고 싶습니다. 이름도 욕망도 조국도 없는 물.

어쩌면 이것은 얼마나 오만한 삶의 태도인가요. 이 배고픈 오만은 어디서 왔는지요. 그 무엇을 향해서도 미워할 수 없는, 알 수 없는 부조리. 끝없이 연약한 존재. 그러나 미워할 수도 없는 현재와 싸우고, 불안과 싸우는 내 이름은 바로 사람입니다. 오직 저녁과 밤 사이, 눈물이 나도록 검푸른 하늘이 태연자약하게 멀어가고 흘러갈 뿐. 바람소리를 몰고 왔다 도로 사라지는 길고 영롱한 울림이 팔레트 위에 물감처럼 스며듭니다. 사람이 보냈으며 사람이 듣는 그 길고도 간결한 파장에 귀를 기울이며.

캐나다 출신 음악가 마이클 브룩은 1985년경부터 브라이언 이노Brian Eno와 함께 아방가르드적이며 실험적인 잔잔한 사운드, 즉 앰비언트Ambient 음악에 천착해 왔습니다. 또한 애초부터 중동 지역과 인도 지역의 선율에 깊은 관심이 있어서 그의 음악에는 동양적 요소가 깊이 스며들어 있습니다. 이른바 인피니티 기타라고 불리는 그의 깊고 잔향이 강한 기타 사운드와 함께 울려 퍼지는 우울하고 신비로운 멜로디와 화성은 중동, 아시아, 아프리카에 관한 상상력이 극대화됨으로써 그 음악을 다분히 명상적이고 초월적인 색깔로 만들어 주었지요.

하지만 팝과 월드뮤직에 걸친 그의 음악적 그릇은 협력자들이 누구냐에 따라 팔색조 같은 성과를 내곤 했습니다. 특히 80년대 이후 팝 음악의 성자와도 같은 고독한 지위를 지켜 온 프로듀서 브라이언 이노와의 교류는, 늘 마이클 브룩의 음악에 있어 동서양의 균형을, 그리고 기타 사운드와 컴퓨터 프로그래밍 사운드의 균형을 조절하고 발전시키며 엠비언트 음악의 시대정신을 담보하는 원동력이 되었습니다. 물론 거기에는 두 천재 사이의 미학적, 영적 교감이 전제되어 있겠지요.

무엇보다 적어도 1990년 이후 본격적으로 이른바 월드뮤직 진영의 보루로 굳건히 존재한 마이클 브룩은, 이 분야의 유명 프로듀서로서 숱한 스타 음악인이 세계 대중과 만나는 스튜디오 작업의 정점에 함께합니다. 세네갈의 유쑤 은두르Youssou N'Dour, 파키스탄의 카왈리Kawwali 음악가 누스랏 파테 알리 한Nusrat Fateh Ali Khan, 알제리 라이의 제왕 셉 할레드Chep Khaled 등 중동과 아프리카, 인도 음악가들이 서양 청중과 만나는 지점에는 마이클 브룩(그리고 피터 가브리엘)이 있었다고 해도 과언이 아닙니다.

특히 누스랏 파테 알리 한과 함께 발표한 『무스트 무스트Mustt Mustt』와 『밤의 노래Night Song』의 완결성이 가져다준 프로듀서로서의 자부심과 확장된 영성은, 이후 1998년에 아르메니아의 공화국음악가이자 민속악기 '두둑'의 명인 지반 가스파리안Gjivan Gaspryan과의 협업을 가능케 했습니다. 두 사람이 영감과 시간을 섞어 창조한 『검은 바위Black Rock』에서 아르메니아 역사의 슬픈 그늘이 두둑과 가스파리안의 노익장다운 목소리, 그리고 마이클 브룩의 신비로운 인피니트 기타에 물결처럼 실려 하나의 서사시이자 거대한 풍경화의 고전을 형성하게 됩니다. 그 고전 속에는 소아시아의 독립투쟁 역사와 비밀스런 바위에 새겨진 금석문처럼 굳건한 신비가 살구나무 피리에 담겨 있고, 블루스와 재즈의 흔적을 감춘 기타의 의뭉스럽게 느린 춤이 있습니다.

이에 앞선 1992년, 마이클 브룩은 자신의 솔로 프로젝트인 『코발트블루Cobalt Blue』를 발표하였습니다. 응당 브라이언 이노가 함께한 이 기묘하고 영롱한 어둠의 찬미 혹은 저편을 향한 비행에는 다니엘 라노아Daniel Lanois까지 합세했습니다. 신비한 미니멀리스트 라몽 영La Mont Young에 영향 받은 당대 아방가르드 셋이 힘을 합친 격이지요.

과학 아니면 흑마술의 신비주의가 숨을 죽인 듯한 이 앨범에서 마이클 브룩은 시간과 공간 사이, 저녁과 밤 사이, 이승과 저승 사이, 산 자와 죽은 자 사이, 동양과 서양 사이, 현실과 꿈 사이를 비행합니다. 가장 단순하고 반복적인 선율과 리듬으로. 하얗게 긴장한 처녀의 치마 같은 이성을 향해 스며드는 검푸른 물이 가르쳐 줄까요? 삶은 가장 간단하고도 복잡한 모습으로 사라졌다 돌아오기를 반복한다고.

중앙아시아 간이역 쓸쓸한 무리들

아누아르 브라헴 트리오 Anouar Brahem Trio**의 『아스트라칸 카페**Astrakan Cafe**』(2001년)**

어떤 음악은 연주하는 음악가 자신의 모습을 상상하도록 만들고, 어떤 음악은 눈앞의 실재와 다른 차원의 풍경을 마음속 시야에 그려 보게 만듭니다. 아랍 문화권에서 탄생해 서양의 류트와 기타의 기원이 된 오래된 현악기 우드Oud의 음악가 아누아르 브라헴Anouar Brahem의 연주는 후자에 속합니다. 파키스탄 수피즘의 카왈리의 신비주의 음악가 누스랏 파테 알리 한Nusrat Fateh Ali Khan은 전자의 경우가 될 것입니다.

아누아르 브라헴은 우드 연주자로서 중동 음악의 시원부터 현재성을 아우르는 융통성을 가지고, 재즈 대가들과의 협연을 통해 중동 악기와 전래 선법에서 동시대성을 창출하는 퓨전 음악가의 길을 걷고 있습니다. 말하자면 이슬람 지향이나 중동 혹은 북아프리카의 지역성을 전달하거나 해석하는 역할보다는 통섭에 가까운 행보라고 할 수 있고, 무겁지 않은 명상적 여행자의 소설 혹은 풍경화 같은 그의 앨범 대부분이 ECM 레이블에서 발매되는 것도 이런 성향을 증명해 줍니다.

아누아르 브라헴은 북아프리카 지중해 연안, 시칠리아 섬 맞은편 연안의 튀니지 출신입니다. 지중해와 북아프리카 사막을 배경으로 존재와 인생의 근원을 좇는 여행자의 여정을 추구해 온 성향을 놓고 보자면, 독일 출신으로 전 지구를 대상으로 인생의 본질을 탐험하고 명상하는 음악의 구도자 스테판 미쿠스Stephan Micus와 비교됩니다. 스테판 미쿠스가 아프리카나 아시아의 수십 가지 민속악기, 그리고 자신의 목소리를 반복 녹음하여 단일한 주제 아래서 화려한 소리의 확장을 펼치는 작업을 한다면, 아누아르 브라헴은 우드라는 나무 현악기가 태생적으로 품고 있는 심원한 역사나 이야기 안으로 동서양 청자들의 시선과 귀를 흡입시키지요.

7세기부터 11세기 사이 아랍인들이 이베리아 반도 전역을 지배하며 시문학, 건축학, 천문학, 수학, 의학과 함께 남겨 놓은 문화적 유산의 작은 상징물이기도 한 우드는, 훗날 유럽의 고악기 류트가 되고, 기타가 되어 스페인과 포르투갈을 기타 음악의 천국으로 만들었습니다. 실상 다른 현악기와 비교할 때 그 통의 울림조차 거의 없이 팅팅거리기만 하는 무뚝뚝하고 소심한 악기 우드가, 클라리넷이나 다르부카 등 다른 악기들을 리드하며 만들어 내는 이 음악 풍경은, 음악을 문화사적으로 받아들이는 걸 좋아하는 오디오 파일들에게는 흥미롭습니다.

오스트리아의 성 제럴드St. Gerold 사원에서 1999년에 녹음한 이 음반은 사원 특유의 반향을 온전히 담기 위해 곡의 시작과 사이사이의 여백을 충분히 활용했습니다. 더불어 현악기 우드와 목관악기인 클라리넷, 가죽으로 만든 중동의 북인 다르부카가 어울려 만드는 앙상블의 내밀하면서도 다이내믹한 스케일은, 어김없이 지중해를 멀찍이 떠나 중앙아시아로 날아와 길도 사람도 문자도 낯선 이방인의 무리가 되어 떠도는 그 행렬을 쓸쓸하고도 감동적으로 기록하고 있으니, 굳이 영화로 비유하자면 압바스 키아로스타미에 테오 앙겔로플로스를 가미한 듯 잔잔하고 단단한 울림이 있다고 할까요.

아제르바이잔 변방 어느 마을에 신기루처럼 숨어 있을 것만 같은,

낡고 어두운 아스트라칸 카페에서 흘러나올 성싶은 슬프고 유장하되 생의 박동이 숨어 있는 선율. 그리고 그 사이로 은밀히 퍼져 나오는 정체를 알 수 없는 연기. 눈빛을 숨긴 사람들의 기도인지 대화인지 탄식인지 알 수 없는 중얼거림. 또 하룻밤 묵은 뒤 그루지아나 북오세티아로, 투르크메니스탄의 사막을 향해 떠나는 무리. 음악은 그 무뚝뚝한 무리의 보이스 오버이기도 했다가, 그 무리를 말없이 뒤따르는 또 다른 무리들의 그림자이기도 했다가, 혹은 그 모든 풍경을 아주 멀리서 조망하는 우리의 시선이 되기도 합니다. 뭔지 알 수 없으나 근원적인 바람의 힘 혹은 경계 밖의 고독한 자유를 간구하는 그런 시선이.

저항과 낭만의 서사를 음미하며

미키스 테오도라키스 Mikis Theodorakis **–파블로 네루다**Pablo Neruda**의 『모두의 노래**Canto General**』(2004년)**

마르크스와 네루다로 상징되던 시대에서 사르트르 혹은 바슐라르가 부활하는 시절로 미끄러져 가는 지금은 그야말로 개인의 시대, 해체의 시대인 걸까요? 민족주의 혹은 식민지 반봉건을 언급하는 일은 아주 촌스러운 일이 되었지요. 개인의 영역, 개인의 선택과 자유가 그 어떤 가치보다 더 중요해졌습니다. 월드컵처럼 국가주의를 부추기는 이벤트를 제외한다면.

빛만큼이나 빠르게 날아가고 소멸하는 시간을 잠시 멎게 하고서, 지구의 시민들이 우중이거나 민중이던 시절로 돌아가 봅니다. 제2차 세계대전이 세계를 공포와 광증으로 몰아갔던 20세기 후반부는 숱한 괴물과 영웅을 탄생시켰습니다. 정치가, 자본가, 군인 그리고 학자와 예술가의 이름으로 등장한 그들이 남긴 상흔과 유산 덕분에 21세기는 불확정성의 시대, 카오스의 비탈길로 미끄러져 가고 있을진대, 우리가 지금 관심 두는 '음악과 시의 영웅'들은 적어도, 전체주의와 군국주의에 항거하며 억압받는 민중의 편에 섰던 천재들입니다. 그것이 빵과 땅의 쟁취를 위한 저항이었든, 사랑을 노래하고 자유를 노래하는 음풍농월의 무한분배를 위한 투쟁이었든.

파블로 네루다 탄생 백주년을 맞아 그의 시집 『모두의 노래Canto General』를 오라토리오 형식으로 만든 미키스 테오도라키스의 실황 음반을 듣습니다. 윤이상, 한스 아이슬러Hans Eisler, 빅토르 하라Victor Jara 그리고 미키스 테오도라키스. 조국의 아픔과 자신의 음악 행위를 운명적으로 하나의 지점에서 받아들인 이들. 예술과 양심을 하나의 정점에서 추구한 이들. 그 자신의 정신적 긍지나 양심보다 더 천박한 현실의 이념의 벽에 부딪혀 억압받은 이들. 그 때문에 오랫동안 조국에 돌아가지 못하고 이방인으로 살아야 했던 음악가들.

앞에 말한 그들 가운데 유일하게 생존 인물인 미키스 테오도라키스는 비록 고령이지만 앞으로도 더 업적을 기대하게 할 만큼 열정을 불사르고 있습니다. 따라서 그는 현재 더욱 문제적인 인물일 수밖에 없으며 이제 지구에 몇 남지 않은, 시대정신과 영혼의 자유를 음악 속에서 평생 추구해 온 상징적인 인물입니다.

일곱 살부터 비잔틴 성가와 그리스 민속음악을 배워 무반주 가곡을 작곡하기도 하고, 합창단을 조직해서 활동하기도 한 음악 천재 테오도라키스를 투사로 만든 역사의 시작은, 다름 아닌 그가 십 대였을 때 발발한 제2차 세계대전입니다. 독일의 침략으로 혹독한 시련 속으로 빠져든 그리스에서 그는 레지스탕스에 가담하여 제국주의와 투쟁하기 시작합니다. 이후 영국, 미국, 터키, 독일 등과의 복잡한 지배와 항거의 역사를 써 온 조국에서 민족 세력의 일원으로 테오도라키스는 구속과 추방, 수감을 거듭하게 됩니다.

그가 1948년 마크로니소스의 군 수용소에 수감되어 있으면서도 그리스의 비극적 상황을 그린 작품 「심포니에타Symphonietta」를 작곡했는데, 이때까지도 그는 이후 다가올 비극과 시련을 예감하지 못하고 오직 희망만을 노래했습니다. 내전과 고난 속에서도 그는 끊임없이 음악 공부를 멈추지 않았고, 50년대에 파리에 유학하여 메시앙과 유진 비고트에게 음악 분석과 지휘를 배우기도 한 그는 하나하나 역작을 완성하면서, 그리스 민중 저항사에서 가장 중요한 인물로 진화해

갔습니다. 드디어 1971년 칠레 아옌데 정부 출범 때 초청된 테오도라키스가 그곳 젊은이들에게 칠레의 자랑 네루다의 시로 작곡을 하겠다는 약속을 하게 됩니다. 그러나 훗날 약속대로 완성된 『모두의 노래』 초연 현장에 초청한 네루다는 병 때문에 참석치 못했고, 피노체트의 쿠데타 와중에 죽음을 맞이했지요.

그리스의 음악가 미키스 테오도라키스의 음악적 상상력과 칠레의 민중시인 네루다의 시를 만나게 한 것도 시대정신이었습니다. 열렬한 스탈린주의자이자 사랑을 노래하는 걸 좋아하던 네루다와, 서민의 음악 렘베티카Rembetica에 서구적 화성과 예술성, 민족주의를 가미하는 업적을 이룬 테오도라키스. 두 예술가의 짧고 굵은 교감으로 끝내 『모두의 노래』라는 민중을 향한 약속이자 선물이 완결된 것이지요. 그리고 그 선물을 30년이 흐른 지금 우리도 공유하게 되었습니다.

네루다의 시 수백 편을 묶은 대작인 이 음반은 오라토리오 형식으로 미키스 테오도라키스가 지휘하고, 테오도라키스의 곡을 가장 완벽하게 해석하는 가수 마리아 파란두리Maria Farandouri와 페드로스 팡디스Petros Pandis, 그리고 성 야곱 합창단St. Jakob's Chorus과 스톡홀름 오케스트라가 뮌헨 올림픽 홀에서 연주한 실황입니다. 역동적이면서도 초역사적인 이미지를 극적으로 발산하는 곡 「산디노Sandino」는 그리스의 신화 속 스펙터클을 상상하게 하기도 하고, 독재 체제에 저항하던 민중의 도도한 물결과 그 격정을, 그리고 자유와 사랑을 꿈꾸는 사람의 영혼을 상징하는 로망이 넘치는 곡입니다. 이 밖에도 해방과 위대한 혁명가들, 남미 대륙과 자연에 대한 사랑을 격정적으로 노래하는 네루다의 시와 함께 「네루다를 위한 레퀴엠」까지 모두 열네 트랙에 총 두 시간에 가까운 러닝타임은 대작이 무엇인가를 잘 보여 줍니다.

한때 민족해방을 지고의 과제로 삼았던 민중시인 김남주가 옥중에서 네루다를 번역한 일은 널리 알려져 있습니다. 그런 반면 모더니즘 계열의 시인으로서 민중과는 담을 쌓은 듯한 정현종이 탐식하듯 번역한 『스무 편의 사랑의 시와 하나의 절망의 노래』가, 영화 『일 포스티노Il Postino』를 제외하고서 거의 유일하게 우리에게 각인되어 있는 네루다의 흔적이지요. 네루다는 저항하는 투사이며 정치가이기도 했지만, 에로티시즘을 숭상하며 오직 사랑을 읊고 싶어 하던 연애광이었다는 사실을 평전 『파블로 네루다』를 통해 읽어 보니, 그의 적나라한 인간적 면모 또한 흥미롭습니다.

김수영과 조태일, 그리고 김남주 같은 당대의 시인들을 흠모하며 차가운 이성과 뜨거운 가슴의 열정을 키워 온 사람들이 적잖이 있지요. 그리고 윤이상까지는 아니더라도 김민기의 노래에서 자유정신과 현실주의를 호흡하던 청춘도 있습니다. 우리의 지난 시절 군사 독재와 제국주의에 저항하던 유력한 힘들은, 따지고 보면 그 시인들과 음악가들이 때때로 던진 몇 마디 시와 노래에서 싹텄는지도 모릅니다. 김남주를 읊고 김민기를 흥얼거리던 때가 있었던 사람에게, 네루다와 테오도라키스가 남긴 『모두의 노래』는 대륙과 민족을 뛰어넘은 의미심장한 꽃이자 탄환으로 기억될 것입니다. 비록 달콤한 멜로디에 모호한 추상어가 현실을 '잊게' 만드는 노래들과 함께 나른한 위안을 막대사탕처럼 즐기는 일에 더 익숙해진 오늘에 살고 있지만.

세상의 모든 파졸리니들을 위한 흑백의 아포리즘

스테파노 바타글리아Stefano Battaglia의 『파졸리니에게로 회신Re: Pasolini』 (2007년)

오염과 성스러움. 후미진 곳에 숨어드는 것들. 신화와 현실 속 비극의 근원을 집요하게 성찰하고 해부한 그늘의 여행자 파졸리니는 영화라는 창을 통해 무엇을 찾았을까요. 피에르 파올로 파졸리니Pier Paolo Pasolini는 동성애주의자에 좌파 지식인라는 프레임으로, 그리고 『살로, 소돔의 120일』 같은 극한의 작품으로 인해 예술 옆의 또 다른 동네의 담지자로 사후까지 왜곡된 존재입니다.

이탈리아 포스트네오리얼리즘 영화감독이며 화가이자 시인이자 인류학자인 파졸리니는 『데카메론』 『메데아』 『오이디푸스 왕』 『마태

복음』『천일야화』 등의 작품을 통해 전후 네오파시즘에 대한 도발, 신화, 색채, 그리고 주변부로 향한 외사랑을 아낌없이(아니, 너무 과도하게) 표현하다 그 자신의 작품 속 인물처럼 비참하게 떠났지요. 시각 예술과 인문학의 추종자들에게 그는 넘어설 도리 없는 텍스트이자 표상입니다.

"영원히 표현하지 않든지 아니면 자신을 표현하고 죽어라."

자신이 남긴 문장 그대로 살았던 그의 영향으로 수없이 많은 청년 예술가가 탄생한 이탈리아의 피아니스트, 스테파노 바타글리아Stefano Battaglia는 작곡가이자 연주가로서 그 증거를 세상에 내놓았고, 그의 손에 의해 파졸리니는 음악으로 부활했습니다.

영화 예술가에 헌정하는 다른 피아니스트의 작품집으로는 프랑수아 쿠투리에Francois Couturier가 타르코프스키 헌정 앨범으로 2005년 발표한 『노스탤지어Nostalghia』가 있는데, 같은 ECM 레이블을 통해 발표된 스테파노 바타글리아의 『파졸리니에게로 회신Re: Pasolini』 역시 창조적인 오마주가 어떤 것인가를 잘 보여 줍니다.

바타글리아의 이 앨범은 두 장의 시디로 구성되어 있습니다. 두 개의 시디는 각기 전혀 다른 내용과 주제를 담고 있는데, 앞엣것은 파졸리니의 작품에 등장한 배우나 인물들, 메시지, 시 등을 소재로 하여 한 영화 예술가의 총체적 초상을 직간접적으로 담은 것입니다. 첫 번째 트랙인 「라우라 베띠의 노래Canzone Di Laura Betti」는 21세기의 음악가가 20세기의 파졸리니와 그의 인물들, 그리고 그들의 암울한 시대에 보내는 송가이자 이 작품집을 아우르는 아름다운 연주곡입니다.

파졸리니나 로셀리니 같은 당대 이탈리아 감독의 단골 주연 배우였던 라우라 베띠를 소재로 한 이 곡은, 느린 왈츠 리듬으로 연주하는 피아노와 첼로의 유니슨이 조용하지만 단호하게 무거운 질문을 열고, 그 비밀의 성 안에 도사린 파졸리니로 켜켜이 얼룩진 흔적을 회상해 가는 여정과도 같습니다. 콘트라베이스와 첼로, 피아노, 트럼펫이 제각기 다른 초상들을 전개하는 호모폴릭으로 다시 흩어졌다 뭉치기를 반복하며 흑백의 그림이 찬연한 붉은색으로 차고 흐르기도 하면서 파졸리니의 도발과 서사를 낭만적으로 은유합니다.

바타글리아의 피아노 리리시즘을 아낌없이 보여 주는 「칼라스 Callas」 또한 아름다운데, 파졸리니의 영화 『메데아』에서 그리스 비극의 인물인 동방 공주이며, 여사제 메데아를 연기한 마리아 칼라스는 사랑과 배신, 복수, 희생 제의를 담은 이 작품의 주역으로 제격이었지요. 오나시스에게 버림받아 절망에 빠졌을 때의 출연작이니만큼 특히. 칼라스와 파졸리니의 우정이 깃들어 있는 곡입니다.

낭만주의나 인상파 혹은 키스 자렛Keith Jarett을 떠올리게 하는, 첫 번째 시디의 명암이 교차하는 육중주가 파졸리니의 로맨티시즘을 반영한다면, 전혀 다른 협연자들을 동원한 오중주 편성으로 마치 면도날 위에서 멈춘 찰나의 울림들처럼 긴장과 그늘로 줄줄이 이어지는 현대적 조성의 음악들인 두 번째 시디는, 가치 전복자로서 시대의 권위나 무지와 싸우던 파졸리니의 긴장과 불안처럼 마음을 무겁게 합니다.

파졸리니를 위한 헌사이자 전前시대의 그늘로부터 여전히 자유롭지 않은 신자유주의 시대 사람들의 초상이 투영된 흑백의 아포리즘인 이 작품에서 시절의 우중충한 가을을 봅니다. 밖은 현란하고 시끄러운데 안은 창백하고 가난한 가을을.

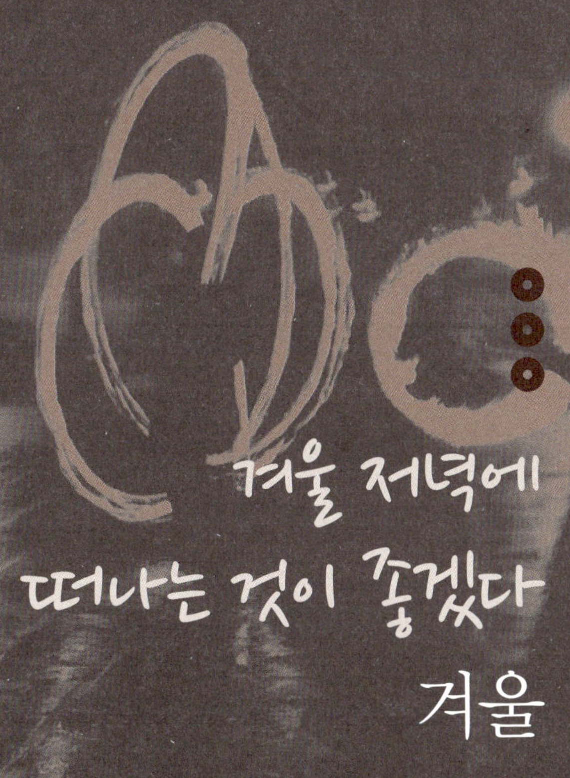

겨울 저녁에 떠나는 것이 좋겠다

겨울

회복의 시간을 위해 낮게 울리는 기타

윌리엄 애커맨William Ackerman의 『귀환Returning』(2004년)

아름다운 산호초와 에메랄드빛으로 반짝이는 신비한 몰디브 바다도 영화에서나 나올 법한 해일이 실제로 몰아치면 죽음의 바다가 됩니다. 대자연의 아름다움, 인간의 순수함, 우주의 광대함. 도저한 모든 진선미에 대해서 늘 우리는 그림자의 반대쪽만 보고 있는지도 모릅니다. 꿈처럼 눈부시게 아름다운 자태를 자랑하는 존재 역시 그 뒤에는 그 무엇으로도 대신할 수 없는, 서늘하고 어두우며 잡히지 않는 그림자가 있을 뿐입니다.

아무튼 세상의 이면이 칠흑 같은 어둠이거나 말거나 로봇처럼 뚜

벅뚜벅 앞으로만 걷는 사이, 세상의 아침은 다시 밝았습니다. 검은 파도가 몰아쳐 부수어 버린 저 가난한 이들의 삶의 터전도 지구 시민들의 우정과 호의가 살아 있는 한 조금씩 회복되어 갈 것입니다. 물론 이것이 정녕 예언자들이 말한 암울한 종말의 전조라면 어쩔 수 없지만.

그래도 늘 그랬듯 한 해가 저물고 새해가 시작될 때, 우리는 살아온 시간을 돌아보고 새로운 지표를 찾습니다. 여기저기 상처가 너무 많고 멍든 곳이 많아서 지쳐 버렸다면, 이제는 더 이상 초라한 자신을 원망하거나 못살게 굴지 맙시다. 있는 그대로 인정합시다. 그곳에서 다시 치유와 회복, 그리고 재생의 순환이 싹틀 테지요.

먼 길을 오랫동안 떠돌다 다시 돌아와서는 고단한 세상과 사람의 운명에 대해 쓸쓸하게, 그러나 따뜻하게 이야기해 주는 친구가 있습니다. 아무런 소리의 이물질이 섞이지 않은 딱딱한 기타 한 대와 함께.

어쿠스틱 기타리스트 윌리엄 애커맨William Ackerman은 미국 뉴에이지 음악의 지평을 연 윈드햄 힐 레코드Windham Hill Record의 설립자이자 이른바 뉴에이지 음악 연주자들의 정신적 지주 같은 존재입니다. 그는 선구적인 어쿠스틱 기타 작품과 레이블 운영을 통해 70년대 미국의 진보적 청년 문화의 중요한 흐름 가운데 하나인 '자연주의' 혹은 '자연 회귀적 성향'을 묵묵하게 지켜 온 굵고 큰 나무입니다.

청년 건설업자이던 그가 부업처럼 만든 윈드햄 힐 레코드는 스탠포드 대학 동창 수십 명이 5달러씩 모아서 300달러를 가지고 소박하게 시작되었습니다. 이 작은 회사가 훗날 조지 윈스턴과 마이클 헤지스 같은 천재들을 발굴하고 거장으로 성장시킨 큰 숲이 되었고, 그것이 촉발시킨 붐은 80년대 뉴에이지 음악의 르네상스로 개화합니다.

그렇게 윌리엄 애커맨은 어쿠스틱 기타의 조용한 시인이면서 미국 문화에서 주요한 청정 구역 수호자입니다. 그와 그를 잇는 '조용한 음악의 숲' 수호자들이 세상의 변질을 미약하나마 저지해 온 셈입니다. 그렇게 34년이 흐른 뒤, 스스로의 족적을 돌아보고 지난날과의 대화를 시도한 의미 있는 기록을 냅니다. 자신의 베스트를 다시 연주하여 정리한 앨범 『귀환Returning』은 반추와 회복의 낮은 울림입니다.

70년대 초 열악한 아날로그 녹음 시절부터 첨단의 디지털 시대에 이르기까지, 그는 녹음 기술과 기자재의 발전 과정을 인생의 걸음, 음악의 행로와 함께 보조를 맞추어 왔습니다. 어쩌면 그는 30여 년 전 첫 녹음 때 느꼈을 벅찬 감정의 아드레날린보다 더 소중한 '소리'와 '시간'의 숙성을 경험해 왔는지도 모르겠습니다.

이 앨범에는 마치 필생의 건축물을 짓는 건축가처럼 단단하고 빼곡하게 채워 넣은 사람살이의 에너지와 그림자가 있습니다. 그 안에 그가 열두 살일 때 자살한 어머니에 대한 기억, 광활한 자연과의 만남 등 여러 가지 마음의 이야기가 느린 호흡과 냉정한 절제의 느낌으로 담겨 있습니다.

「순수한 영혼에게 다가온 죽음The Impending Death Of The Virgin Spirit」의 무겁고 영롱한 울림에서 어머니에 대한 그리움과 죽음에 대한 성찰을 느껴 봅니다. 단단하게 얼어붙은 빙벽을 올라 날카로운 얼음산 정상까지 천천히, 그러나 멈추지 않고 고독하게 진리를 향해 걸어가는 수도자의 길을 떠올리게 하는 「행렬Processional」, 텅 빈 하늘 속에서 이 세계의 거대한 그림자를 만나는 듯 명상적인 「매의 선회Hawk Circle」을 들어 보세요.

이 무채색 선율이 마음에 울림이 되어 다가오는 것은 거장이 드러내는 솔직함과 진솔함 때문일 것입니다. 같은 곡을 30여 년 동안 어떤 때는 폭발하는 열정으로, 어떤 때는 불가사의한 침묵으로, 수천 번 연주할 때마다 외양을 달리해 온 긴 여정이 그의 내면에 조용한 불꽃으로 남아 있겠지요. 이십 대에 시작하여, 죽음을 생각하며 무엇을 남길까 고민해야 하는 육십 대가 된 이가 퉁기는 기타의 울림이 이제 자조와 냉소의 시간을 접고 세상과의 화해를 원하는 모든 고독한 영혼에게 힘이 될 것입니다.

우주의 바다로 흐르는 풍경과 시선

에버하르트 베버Eberhard Weber의 『물 흐르듯 살랑이다Fluid Rustle』(1979년)

오랫동안 이성적 동물이라고만 믿어 온 인간이 실은 무의식에 의존해 살아가고 있다는 것을 인지과학자들이 인정하기 시작했지요. 일상생활 안의 행동과 의사 결정의 95퍼센트가 무의식에 의해 결정된다는, 뇌를 연구하는 학자들의 새삼스럽고도 흥미로운 발견은 '사람이 순간적 판단을 내릴 때는 의식이 미치지 못하는 부분에서 신경 전달 물질이 활동한다.'는 것이며, 이때는 사실상 이성이 없는 상태라는 뜻입니다. 만일 모든 일을 의식적으로 결정하려 든다면 오히려 일상생활 모두가 혼돈 상태에 빠져들 것이라고 하는데, 예컨대 계단을 오르다가 갑자기 걸음걸이를 의식하면 도리어 균형을 잃고 넘어질 수도 있다는 겁니다. 상상을 초월하는 이혼율을 생각해 볼 때, 결혼 결정이야말로 '무의식'이 주도해 온 대표적인 일상생활의 늪일지도 모르겠습니다.

하지만 인지과학자가 말하는 그 95퍼센트의 95퍼센트는 일상생활의 범주에 넣기가 애매한 또 다른 영역의 것이라고 해야 적절할 겁니다. 일상인데도 일상적이지 않은, 우리가 차원 이동이라고 부르곤 하는 그것은 시간도 공간도 아닌 채로 '일상의 공포'에 관해 허둥지둥 중얼거리게 만드는 어떤 부조리의 조화입니다.

너무 무질서해 보이거나 무서워서 수면 아래 본능을 숨기고 있거나 아직 스스로의 정체를 알아차리지 못하는 미성숙한 돌연변이. 가끔 거울을 들여다볼 때마다 나타나는 서늘한 눈빛의 무표정한 얼굴. 감춰진 조상의 비밀을 아직 알지 못해서 유전자 안에 숨은 심연의 기억이 두려운 가면. 어둠의 세계를 통과할 자신이 없어서 죽은 듯 웅크리고 있는 새끼 길고양이의 등. 집 나간 판도라의 방황…….

그것은 어쩌면 공포를 느껴야 할 게 아니라 단지 무의식이 하는 일을 의식이 실수로 엿보았을 때의 혼란에 불과합니다. 시간과 색깔과 냄새와 형상과 감촉으로 재생 가능한 것이 아닐 때 우리는 두려움과 공포에 이르는 낯설음을 느끼도록 훈련되어 있으니까요.

왕왕 음악가들은 이 낯설음에 도전합니다. 궁극적으로 음악가의 내면적 지평은 과학이나 종교가 설명하지 못하는 인간의 불가사의를 묘사하는 것이며, 우주와 대자연의 리듬과 굴곡을 따라 여행하는 것이지요. 그들의 무의식 안에 들어온 우주의 흐름을 기록으로 구현하는 악기들은 원시의 제사장이 쓰던 제의 도구와도 같습니다.

얀 가바렉Jan Garbarek 앙상블의 전성기 시절 가장 중요한 일원으로 기억되는 에버하르트 베버Eberhard Weber의 베이스는 현악기입니다. 그의 악기는 동시대 재즈에서의 프렛리스 베이스가 표현할 수 있는 '풍부한 절제'의 표본이라고 할 수 있습니다. 독일인 특유의 근엄하고 조용한 모습으로 고전과 탈현대가 합체되어 있는 듯한 그 고유의 악기를 품에 안고, 그는 늘 움직임이 거의 없는 자세로 연주합니다. 그러나 그의 심상에 흐르는 선율과 리듬은 무의식과 이성의 소통을 이끄는 에너지로 점점 전환하고 확장하곤 합니다.

유럽 재즈계에서 가장 독창적인 베이스 연주자이자 작곡가인 에버하르트 베버와 함께 이성과 무의식의 불연속성 안으로 '흐름'을 구현하는 이들은, 마림바와 비브라폰 연주의 달인 게리 버튼Gary Burton

과 몽환적인 기타 연주의 주인공 빌 프리셀Bill Frisell입니다. 1979년에 발표한 『물 흐르듯 살랑이다Fluid Rustle』에서 이 세 명의 음악가는 극도로 명상적인 테마를 위해 절제된 앙상블을 구현하는 데 성공합니다. 사물과 인간이 존재하는 우주에 흐르고 날아가는 시공간의 의미가 담긴 이 아름다운 울림은, 물리학만으로는 설명할 도리가 없는 또 다른 모나드(단자)의 흐름을, 그리고 철학이 언어로 다할 수 없는 순환과 공空의 이미지를 투명하고도 복합적으로 그려 냅니다. 그것은 우주의 바다로 흘러가는 풍경입니다. 주체와 객체가 따로 존재하지 않는 시선이 흐릅니다.

ECM으로의 헤쳐 모여 이후 스윙감(랙타임 시대부터 현대 재즈까지 재즈의 불문율처럼 삼아 온 리듬 감각. 쉽게 비유하면 엔돌핀을 돌게 하는 즉흥적인 흥, 신명을 불러일으키는 리듬감쯤으로 이해해도 무방함.)의 구속으로부터 자유로워진, 고요하고 명상적인 재즈의 세계를 음미하게 해준 주인공 중 한 명인 게리 버튼이 1976년에 발표한 『생생한 꿈들Dreams So Real』에서, 게리 버튼과 에버하르트 베버는 이미 비브라폰과 베이스가 이루는 공명의 가치를 증명하였습니다.

그리고 베버는 1982년의 앨범 『그 저녁 이후Later That Evening』에서 가장 독창적인 문법의 소유자 기타리스트 빌 프리셀과 호흡을 맞

춥니다. 『물 흐르듯 살랑이다Fluid Rustle』에서의 조화는 이보다 더 나은 삼각 편대가 가능하겠나 싶을 정도지만, ECM이라는 움막 안에서 그들은 늘 새로우면서도 익숙한 조합을 변화무쌍하게 찾아갈 뿐입니다.

수십 가지 색깔로 교차하는 새벽과 노을, 지표면과 대기 사이를 이동하는 시선의 한숨 또는 경탄을 연상케 하는 노마 윈스톤Norma Winston과 보니 허먼Bonnie Herman의 목소리는 세 명의 대가들과 함께 이 흐름의 풍경을 증언합니다. 차갑고 딱딱한 물체인 세 악기와 따뜻하고 부드러운 인간의 목으로부터, 우리의 생각과 기억이 재생하거나 하지 못하는 일상 안의 일상을 깨우쳐 주는 장場이 형성됩니다. 베이스, 비브라폰 또는 마림바, 기타가 각기 다른 화두를 내놓으면 두 사람의 목소리는 세 가지 화두를 향해 동일한 메아리를 던져 줍니다. 그리고 결국 이 모든 구성 요소는 하모니에 이르게 됩니다. 그러다 또다시 낯선 화두를 던집니다.

시간이 흘러가 날짜가 바뀌고, 기억이 기억에 묻히고, 여명이 노을로 변하는데도 불구하고 우리는 무엇이 변하고 무엇이 멈추어 있는지 알지 못합니다. 그저 반복될 뿐인 이 순환의 에너지가 어디서 흘러오고 흘러가는가를 잠깐 바라보고 들어 보는 거지요. 1979년의 에버하르트 베버는 신화시대 판도라가 실수로 길에 떨어뜨린 상자를 발견한 극장 밖 나그네였을까요?

새로운 과거가
오래된 미래에게 거는 말들

블리스Bliss**의 『조용한 편지**Quiet Letters**』(2004년)**

아무도 그리워하지 않기 위하여 편지나 엽서를 몇 해 동안 안 쓰고 지냈다는 시인이 있습니다. 그렇게 몇 해가 지난들, 생각나는 사람이 없을까마는 기억의 밭에 씨를 뿌리지 않으려 애썼다지요. 무얼 기다리는지도 모른 채 아무리 기다려도 무성한 그리움의 계절을 맞이할 준비가 되지 않았음을 자신의 그림자로부터 깨닫겠지요. 그렇게 가끔씩 우리의 기억은 미망을 향해 성큼성큼 가다가도 모호한 이유로 엉거주춤 멈춰 서곤 합니다. 행복한 기억이든 고통스런 기억이든 그것과 함께 지낼 수밖에 없는 것이 인생임을 잘 알고 있지요. 하여, 기억의 노예로 살지 말고 친구가 되어 살자고 기약하는 것이지요. 꿈에서도 본 적이 없는 길을, 그래서 우리는 불가사의하고 정체 모를 어떤 기억에 의지하며 찾아 나서는 것이지요. 마치 안개처럼.

20세기 대중음악의 스타와 제왕들의 그림자가 서서히 그리워지기 시작하는(발터 벤야민 식 표현으로 하자면 그들의 아우라가 무너진) 21세기, 해체와 복제의 시대. 그 너른 대양 위에서 한 가지 이름과 개념으로 규정되고 멈추기를 거절하는 저 무수한 이른바 일렉트로닉/라운지 계열 음악가들이 음악 세계의 지도를 추상화처럼 다시 그려 냅니다. 그려 내고 또 해체하고 해체한 것이 새것의 추진력이 되고. 부다-바Buddha-Bar나 카페 델 마르Cafe Del Mar, 만 레이Man Ray 시리즈로 일반형이 된 클럽 라운지 혹은 칠 아웃Chill-out 음악의 정체성은 이제 클럽문화의 모드를 설명하는 대표적 특징에만 국한되지 않습니다.

댄스 플로어는 언제나 새로운 유행을 찾기 마련이고 패션 디자이너의 고민과 다르지 않을 뮤지션이나 디제이의 숙제 또한 반복할 뿐입니다. 홍대 앞에도 안 나가고 '딴스'하러 클럽에 갈 생각도 없는, 그러나 깊은 겨울밤의 무채색 공허를 음악으로 집요하게 그리고 고즈넉하게 메울 따름인 음악의 수줍은 산책자들에게 이것은 그 자체로 정신과 영혼의 양식이 되기도 합니다. 그 어떤 야식거리나 영화 파일이나 소셜 네트워크 대화보다 더. 더구나 그것은 때로 숨겨진 이종의 문화와 기호를 간접 경험하게 되는 시간과 공간의 야간비행으로 둔갑하니까요.

고전의 관습과 문법이 무너진 지금 그래서 우리 시대의 일렉트로닉 음악은 이른바 에스닉 사운드Ethnic Sound와 만나 새롭기도 하고 오래되기도 한 기묘한 배아세포를 형성하고 있는 셈이지요. 그 진화를 이끄는 것이 비록 세계화 자본주의 전략이거나 유럽 엔터테인먼트 업계의 피눈물 나는 물밑 전쟁이더라도, 지구의 미래가 어디까지일까 의심스러운 불확실성의 오늘을 사는 나와 당신에게는 그저 지도와 나침반을 던져 버린 음악 세계의 유유한 뱃길일 뿐. 언젠가 어디선가 누구 때문인가 오래전 받은 영혼의 상처를 무의식으로부터 치유 받을 수만 있다면 그리고 그 무질서하되 고요한 심연의 뱃길에서 마음의 평온을 얻어 낼 수만 있다면 행복할 테지요.

변화는 당신 스스로를 변화시킬 때 찾아와.

―「숨Breath」 중에서

마음의 여행에서 볼 수 있는 것들은 얼마나 많은가.

—「키싱Kissing」 중에서

당신이 느끼는 모든 것에 의문을 가지지 마라.

—「뒤돌아보지 마Don't look back」 중에서

4인조 스칸디나비아 밴드 블리스Bliss 또한 그 수많은 칠 아웃/라운지 앨범에 등장했던 뮤지션 가운데 하나입니다. 2004년 덴마크 레이블 뮤직 포 드림스Music For Dreams를 통해 이 정규 앨범을 발표한 블리스는 이 장르의 밴드들이 가고 있는 길의 전형을 보여 줍니다.

네 사람의 멤버가 만드는 음악은 일렉트로닉 사운드 위에서 북유럽 재즈와 라틴, 아프리카와 인도와 동남아시아의 요소까지 함유하고 있어 풍부한 스케일이 느껴지지만, 절제와 균형 또한 갖추었기에 넘치거나 뜨겁지 않고 문밖의 서늘한 바람을 상상할 수 있습니다.

인도네시아어로 '세상'이라는 뜻의 제목을 가진 「두니아Dunia」에서 찬도 엠발로의 메아리 같은 음성은, 그리고 인도 브라흐마의 순환 주기 가운데 14만분의 1을 의미하는 「만반타라Manvantara」에서 해와 달 사이 바람처럼 스며드는 비트와 보이스와 트럼펫과 건반은, 오래된 미래에게 새로운 과거가 속삭이는 메시지일지도 모릅니다. 변화에 관한, 마음의 여행에 관한, 그리고 자신의 느낌에 확신을 가지고 뒤를 돌아보지 말고 걸어가라는 사막의 바람 같은 속삭임. 그것은 과거와 미래 사이에 놓인 음악이라는 다리를 건너는 유목민의 언어입니다.

겨울의 어둠과 그늘을 위한 주문

스팅Sting의 『어느 겨울밤이면…… If On A Winter's Night……』(2009년)

지구 기후 변화 문제를 진지하게 생각하는 이라면 겨울이 짧아지는 것이 무얼 의미하는지 압니다. 코펜하겐에서는 유엔 기후변화협약 총회의장 주변에서 거대국가들을 향한 전 세계 NGO들의 대규모 시위가 '지속가능한 세계를 원할 뿐'이라는 캐치프레이즈로 열리고 있다는 소식을 읽습니다. 해마다 겨울이면 쏟아지는, 늘 고만고만해서 재미도 감동도 진정성도 희박한 캐럴 앨범의 숫자마저도 줄어들 만큼 요즘 겨울은 겨울답지 못합니다. 인간이 속한 모든 생태계에서 겨울이 의미하는 것은 살균과 저장 이상의 그 무엇입니다.

뮤지션을 넘어 예술가의 연륜과 면모를 소유한 스팅은 세월이 갈수록 겸허해지는 인품과 함께, 사랑의 기쁨과 슬픔을 노래하는 청춘 타령을 넘어, 세상의 어둠, 지구의 불안이 가져온 인간과 자연의 실존적인 초상에 관해 그 특유의 상상력과 음악 언어로 성찰하고 있습니다. 그는 은둔 공간에서나 대중매체와 몸을 섞는 공간에서나 늘 현재를 관조적으로 즐기는 듯합니다. 그러면서도 희망보다는 비관의 그늘이 드리우는 세계와 대자연의 미래에 관한 고민을 음악가의 시각에서 이해하는 모습입니다.

스팅의 신작 『어느 겨울밤이면……If On A Winter's Night……』은 겨울과 크리스마스를 주제로 한 앨범입니다. 겨울 사냥개들의 표적이 되어 버린 듯 외롭고 추운 사내가 내뱉는 넋두리가 담긴 곡 「겨울의 사냥개The Hounds Of Winter」가 처음 발표된 것이 1996년, 제목부터 추운 여섯 번째 개인 앨범 『머큐리 폴링Mercury Falling』에서였지요. 이미 스팅은 비단 이 곡뿐 아니라 거의 모든 작품을 통해 겨울에 사로잡힌 사람임을 증명해 왔지요.

전형적인 록 음악인 이 곡을 13년 만에 고풍스러운 어쿠스틱 악기와 달라진 창법을 활용해 중세 켈틱 음악풍으로 리메이크한 곡을 들어 봅니다. 거기에는 추운 12월에 실연하고 옆구리가 휑해진 남자의 넋두리보다는 대자연의 축복으로부터 점점 멀어져 가는 지구인의 불행한 초상을 탄식하는 스팅의 음유시인다운 메시지가 느껴집니다. 그리고 겨울은 한없이 시간을 거슬러 올라가 오래된 이름과 존재들의 영혼과 기운이 되살아나는 계절임을 일깨웁니다.

16세기 엘리자베스 시대 영국 음악을 향한 스팅의 애정 어린 여행은 이미 삼 년 전 『미로에서 온 노래Songs From The Labyrinth』에서 작곡가 존 다울랜드John Dowland에 진지하게 천착함으로써 이 방면을 향한 짧지 않을 행보를 예고했습니다. 도시적 모드와 자연 친화적인 지사志士의 이미지를 동시에 장착한 당대의 아티스트 스팅. 그저 아우라를 지키며 중세 분위기 물씬 나는 자기 소유의 아름다운 고성에서 팝과 월드뮤직의 교류를 모색하는 정도였던 스팅의 역동적 취향이 어디로 가고 있는가를 가늠할 수 있습니다.

이 흥미로운 앨범이 나온 레이블은 클래식 명가 도이치 그라모폰Deutsch Gramophone입니다. 이번 앨범은 단순히 크리스마스 혹은 겨울을 주제로 한 앨범일 뿐 아니라 도이치 그라모폰의 의미 있는 아이콘으로 자리 잡은 스팅의 중세 영국 음악을 향한 여행의 또 다른 일환이고, 『미로에서 온 노래Songs From The Labyrinth』를 잇는 후속작인 셈입니다. 흡사 관객도 적고 규모도 작은 도시 변두리의 소극장에서 중세의 비의를 토로하는 드라마 주인공의 보이스 오버를 떠올리게 하는 『미로에서 온 노래Songs From The Labyrinth』에선 칠흑 같은 어둠 속에서 슬픔을 억누르는 독백을 조금 잠긴 목소리로 표현했었지요.

이로 비추어 보아 스팅이 삼 년 동안 준비한 웅숭깊은 과제는 '겨울'이라는 근원적인 주제와 배경이었습니다. 어둠의 중심에 빛이 있다는 역설을 믿고, 부활의 필연성과 재생의 계절이 되돌아옴을 축하하던 고대 문명인이 보여 준 상상력과 자연의 순리를 향한 책무로부터 영감을 받았지요.

록과 팝이라는 도구로 런던과 뉴욕의 썰렁한 밤을 노래하던 젊은 날의 스팅은 언젠가부터(틈만 나면 영국과 이탈리아 시골의 오래된 성에서 애완견과 함께 사색 가득한 시간을 가지면서였을까요?) 인생의 희로애락에 대한 담백한 성찰이 가능한 연륜의 응답이 오기를 기다렸을지 모릅니다. 지옥에 몸을 담글 만큼 비탄과 슬픔에 빠진 인물의 격정적인 이야기를 가슴과 몸으로 받아들이고, 또 자기만의 문법으로 해석하는 데는 그만한 숙성이 필요했을 테니까.

이제 세상의 빛으로부터 소외된 영혼들의 어둡고 더 추운 크리스마스와 겨울의 환상과 비의를 시간 여행하듯 찾아 들어간 토스카니 언덕의 고성. 거기에 스팅의 제안으로 모인 현대와 고전, 클래식과 민속음악에 걸쳐 다양한 족적을 가진 음악가들이, 함께 뜨거운 차 한 잔에 곱은 손을 풀며 노래하고 연주함으로써, 그 숙성의 지도와 경과를 세상에 소개합니다. 스코틀랜드의 민요, 캐럴, 자장가, 바흐와 슈베르트, 그리고 스팅과 그의 오른팔이자 왼팔인 20년 동지 기타리스트 도미니크 밀러가 함께 만든 곡까지.

아름답다고 말하기에는 어둡고 쓸쓸하기 짝이 없는 이 겨울 노래들은 어둠과 그늘과 추위를 과장하지는 않았으되, 마술적 기운이 지배하던 중세의 언어와 모드로 연주됩니다. 역설적인 빛, 즉 대자연의 생명과 곤궁한 영혼의 두려움과 부활에 대해 낮지만 절실한 음성이 돋보입니다. 투명하되 촛불처럼 신중하게 빛을 내는 악기들(파이프, 피들, 멜로디언, 기타, 켈틱 하프, 첼로, 트럼펫, 바이올린, 퍼커션)과 조화를 이룬 목소리. 겨울바람을 막아 주는 토스카니의 오래된 건물의 벽 안에서 퍼져 나온, 고대와 중세와 현대의 모든 겨울의 존재를 위한 주문과도 같은 느낌입니다.

수백 번도 넘게 들으면서 정말 오랜만에 겨울 상념에 빠져 있습니다. 스팅의 이 음악이 마음의 수도꼭지를 꽁꽁 얼게 하는 겨울이 빨리 지나가길 바라는 모든 춥고 불안한 존재들에게 울림과 위로를 줄 거라 믿습니다. 또한 이 계절에 이르러서 영혼이 깊어지고 맑아지는 것을 잠시 잊어버린 이들, 그리고 무작정 겨울이 좋은 모든 이와 강아지들과도 공명할 수 있을 겁니다.

히브리어로 노래하는 길의 성찰

하바 알버스타인 Chava Alberstein**의 『야생화처럼**Like A Wildflower**』(1975년)**

“반평생을 이스라엘에서 보냈음에도, 세상 속의 나의 공간에 대해 끊임없이 질문한다. 아마 이런 회의는 음악가이기에, 그리고 유태인이기에 가능할 것이다.”

이런 고민은 이스라엘에 국한되기보다 세계를 향한 존재로 평가받고 싶어 하는 이스라엘 예술가들이 지닌 딜레마일 것입니다. 하바 알버스타인은 전쟁에 멍든 이스라엘인의 태생적 고단함을 어루만지면서 평화와 공존을 히브리어로 노래해 온 포크 싱어 송 라이터입니다. 히브리-이디쉬어에 대한 애정과 함께 현실적인 정치 체제와 긴장 관계를 유지해 온 예술가인 알버스타인은 메르세데스 소사Mercedes Sosa, 존 바에즈John Baez 등 당대 저항 음악가들과 연대하기도 했습니다. 어쩌면 누에바 칸시온(남미 음악 운동-새로운 노래라는 뜻.)의 거장들인 빅토르 하라Victor Jara나 아타우알파 유팡끼Atahualpa Yupanqui 같은 남미 음악가에 비해, 소속된 국적 때문에 그 음악적 진정성을 바깥 세계에 충분히 알리지 못했을 그녀는, 지난 50년 동안 60여 장의 앨범을 발표하면서 늘 변함없이 회의하고 고뇌하는 음악가로 건재해 왔습니다.

하바 알버스타인의 걸작으로 꼽히곤 하는 『야생화처럼Like A Wildflower』은 반체제적인 메시지를 담고 있지는 않지만 이스라엘 민중의 가슴에 담긴 이야기들을 감성적인 서정시처럼 풀어 낸 작품입니다. 인생과 자연의 빛과 어둠, 희망과 허상에 대해 노래하는 알버스타인의 목소리와 히브리어에는 유태인들의 명암이 잘 드러나 있습니다. 보편적인 사랑을 노래하기도 하고, 평화를 무너뜨리는 갈등에 대해 은둔하지 않고 시대의 고통에 참여하는 음악가로서, 상실과 풍요, 고독을 노래하는 멜랑콜리한 이스라엘 작곡가들의 음악을 쓸쓸하면서도 따듯한 음성으로 들려줍니다.

이 앨범에서 단 하나의 곡을 고른다면 「모두에게 주어진 이름Each

Person Has A Name」입니다. 처연한 서정의 질감이 안개비가 덩어리로 내리는 듯한 이 곡은 조바꿈과 반음계의 변용이 거듭될 때마다 한 겹 한 겹 세계의 창문을 여는 듯합니다. 혹은 한 시대를 통과하면 또 한 시대의 시련이 다가오는 운명처럼, 가슴 속에 켜켜이 쌓인 어떤 것을 건드리며 나아갑니다. 그러나 직접 감정을 토로하지는 않는 냉정함이 더 두드러지는 이 곡의 가사입니다.

> 누구에게나 산과 벽들이 지어 준 이름이 있어.
>
> 누구에게나 별자리들과 이웃이 지어 준 이름이 있어.
>
> 누구에게나 그의 죄와 추억이 지어 준 이름이 있어.
>
> 누구에게나 싫어하는 사람과 사랑하는 사람이 지어 준 이름이 있어.
>
> 누구에게나 그의 휴가와 직업이 지어 준 이름이 있어.
>
> 누구에게나 계절과 무지함이 지어 준 이름이 있어.
>
> 누구에게나 바다와 죽음이 지어 준 이름이 있어.
>
> –「모두에게 주어진 이름Each Person Has A Name」 중에서

젤다 마슈콥스키Zelda Maskovsky가 작사한 이 곡 외에도, 1943년 나치의 유대인 대학살(홀로코스트) 당시에 시인 리 골드버그Leah Goldberg

가 쓴 시로, 좌절과 분노가 숨어 있으면서도 낭만적인 곡「초원을 거닐며Walk In The Meadow」에도 유태인의 불안과 실낱같은 희망이, '여자가 홀로 거닐어도 무방하며 용서와 친절이 존재할 날은 과연 올까…….' 하는 가사 속에 상징적으로 담겨 있습니다.

하바 알버스타인의 음악은 노래를 예술로 세운 우리 시대의 큰 벗입니다. 인생의 길과 자연을 성찰하는, 그리고 아랍과 이스라엘의 화합을 위해 평생을 바친 평화주의자의 서정적 이디쉬 포크. 이 음악은 고전적이고 진중한 시와 목소리로 따끈한 위안을 얻고자 하는 이들에게, 그리고 거기서 친구를 발견할 줄 아는 열린 마음의 당신에게 다가올 겁니다.

세상의 차가운 저녁 속으로 낮고 느리게 활강

아르코Arco의 『절제Restraint』(2005년)

한 해의 마지막 한 달을 남길 때쯤이 되어서야 만나게 되는 것들. 과일과 잎사귀와 하루 자체마저도 저물기 직전에 보다 선명한 빛을 발한다고, 헨리 데이비드 소로우가 말했지요. 11월은 한 해의 땅거미일 테고 12월은 한 해가 저물기 직전에 발하는 빛일 거라고. 이때서야 나는 늘 권태에 가려 보이지 않던 일상의 사물들이 하나씩 중얼대는 걸 겨우 느끼기 시작합니다. 책갈피 속에 넣어 둔 한두 줄짜리 메모를 우연히 발견하듯 결국 어느 하나 자기 그림자가 아닌 게 없는 그것들.

깜박거리는 불빛, 저문 거리 위에 남아 있는 저녁 하늘 검푸른 빛. 들어주지 않는 이야기를 중얼거림. 물에 물 탄 듯 휘청거림. 칼 또는 눈썹을 닮은 달. 예민하기 짝이 없으며 지방질 없는 창백한 손으로 매만지는 하얀 종이, 검은 글씨들. 관조와 허무의 차이. 체념과 절망의 차이. 몇 시간 남지 않은 밤(삶)의 짧으나 권태로운 여로. 새벽(삶 너머)으로의 긴 귀환. 시럿한 안개와 공기. 식은 커피. 동이 트는 오늘의 하늘. 겨울비가 소리 없이 내린 골목.

세상의 불빛을 늘 그리워하며, 어둑어둑해지는 저녁에 거리 한 모퉁이를 바라보며 사람의 말소리를 그리워하면서도, 어느 곳에도 착륙하지 못하고 터를 못 찾는 철새처럼 빙빙 돌기만 합니다.

1990년대 후반부터 몇 개의 EP와 소박하기 짝이 없는 첫 앨범 『커밍 투 텀스Coming To Terms』를 발표하며 꿈꾸는 듯한 사운드와 자조적인 노랫말로 '단절'과 '부재'라는 소년기적 언어를 들려주던 아르코Arco. 멈추었던 활을 다시 현 위에 올려놓듯 신중하게 사 년 만에 내놓은 음악 풍경 역시 조용한 절망이나 체념에 더욱 익숙해진 초상이자 독백입니다. 다만 '절제'라는 화두를 제목에 걸어 놓은 것에서, 벌써 그들은 인생이란 무얼 쟁취하기보다는 하나씩 비워 내는 것임을 알고 있다고 암시하나 봅니다.

체념에서 깨달음으로 저어가는 것일까요? 런던의 흐리고 차가운 초겨울 거리는 더욱 그것을 부채질할지도 모를 일. 어쨌든 우울한데도 무겁지만은 않은 멜로디와 간결한 구성이 금방 사람의 마음속에 자리 잡은 회색빛 청승을 자극하는 이 밴드는, 이른바 슬로 코어 혹은 새드 코어의 옷을 입고 라디오헤드가 할퀴어 놓은 여린 가슴의 게으름뱅이들에게 조용히 친구가 되어 갔습니다.

기타와 보컬을 맡은 크리스 힐리Chris Heally, 기타와 베이스를 맡은 데이비드 밀리건David Milligan, 드럼과 퍼커션을 담당한 닉 힐리Nick Heely, 이렇게 세 사람이 함께 만들어 내는 소리는 풍경화를 보는 것 같지요. 필시 수평선이 아득한 저녁의 바다, 아니면 희뿌연 도시의 야경이 있고, 그 위를 나는 철새 무리, 그리고 등대나 을씨년스런 시계탑 하나가 서 있는.

내성적이기 짝이 없으며 무표정하고 나른한 목소리의 크리스 힐리는, 자유분방한 환상의 자신감 넘치는 표현주의자 톰 요크Thom York를 연상케 하기보다는, 핼쑥한 얼굴을 창문에 비춰 보는 것도 신경안정제 먹는 것도 포기하고, 마치 그림 그리기에 투신한 닉 드레이크Nick Drake에 가깝습니다. 미쳐 가는 세상과 무관하게 별빛 아래 사막을 걷는 어린 왕자. 초저속으로 활강하다가 누군가의 그림자가 보이자 쉽

사리 연착륙해 버리는 소년 비행사, 또는 철새 한 마리. 70년대에도 통했을 무상의 언어는 영국 팝의 음유시인 계보를 잇는 존재로 삼아도 되지 않을까 싶지요.

문득문득 세상을 바라보는 작은 창문에 떠오르는 노랫말을 때때로 그곳에서 끼적이다 보내지 않은 엽서처럼 챙겨 두었을 크리스 힐리. 이 친구의 창백하게 중얼대는 목소리가 잠시 멈출 때쯤이면 등장하는 낮고도 그윽하게 심연의 입구를 긁는 디스토션과 노이즈. 여전히 착륙할 곳을 정하지 못하고 천천히 흐린 하늘을 돌고 있는 자아를 위무하는 비나 바람, 그리고 그것들의 그림자입니다.

징 징 징. 그림자들이 내는 소리는 부드러운 유성음일까요? 근원을 탐색하기보다는 그냥 즉물적으로 느끼고, 냉소하거나 즐기고 마는 패배자의 미학일수도 있습니다. 세상과 개인 사이에 높이 놓인 벽, 타자와의 소통에 늘 실패하는 이의 비감과 자조가 그득한 허무. 그러다가도 늘 이맘때만 되면 말끔하고 예쁜 색의 새 옷 포장을 뜯듯 새해를 기다리는 밑도 끝도 없는 낙관주의. 깊거나 무겁지는 않으나 새털처럼 가볍고 나른한 무상이 깃든 언어들은 스스로를 위무하는 법을 찾아 나서게 할 것입니다.

한 해의 저녁과 땅거미를 지나 마지막 저물기 전 빛을 내듯 환하게 방 안을 비추며 활강하는 이 우아한 비루함이 있기에 우리는 그리움이나 외로움 앞에서 묘하게 더 커지는 자신을 발견하는 걸지도 모릅니다.

앞으로 살아갈 날들은 채워졌고, 사라진 날들은 비어 있다.

―「다이어리Diary」 중에서

나를 바다로 데려가 다오. 땅 위에 너무 오래 있었다.

―「던위치Dunwich」 중에서

총명하거나 혹은 혼란하거나 여전히 같은 느낌을 간직한 조용한 마음이거나

화났거나 즐겁거나 마지막 버스가 멀어져 갈 때 우리는 다시 한 번 이토록 길을 잃는다.

―「라스트 버스Last Bus」 중에서

해피 뉴 이어. 아파하는 모든 이들에게 이번에는 모든 게 부디 분명해지기를 기원하며 우리를 비추는 빛이 희미하고 불명확한 여기 이곳에서

―「해피 뉴 이어Happy New Year」 중에서

겨울 저녁에 떠나는 것이 좋겠다

랄프 타우너 Ralf Towner**의 「촛불의 침묵**The Silence Of a Candle**」(1973년)**

숲 입구에 살았던 소년은 겨울이 되면, 그리고 땅거미 지고 어둠이 잦아드는 시간이면, 어김없이 두려움 반 기대 반으로 신비로운 기운이 감도는 숲 속을 걷곤 했습니다. 다른 사람과 눈조차 마주치지 않던 소년에게 이때는 가장 즐거운 시간이자 쓸쓸한 시간이었습니다. 가파르지 않고 평탄하지만 끝없이 이어지는 그 숲은 아마 산꼭대기와 이어져 있을 겁니다. 그 봉우리는 너무 거대하고 위압적이었지만 마치 살아 있는 듯해서 소년은 마음을 빼앗기곤 했습니다.

수십 년이 지나 소년은 중년이 되었습니다. 땅거미 지는 저녁, 차를 몰고 변두리를 지나가다 우연히 이름 모를 산모퉁이를 마주하면 그때의 행복함과 쓸쓸함이 시간의 벽을 넘어 찾아옵니다.

어둠 속에 표정을 숨긴 저녁의 검은 산 그림자가 말을 겁니다. 창문 너머로 차가운 겨울 공기와 마른 나뭇가지들의 모습이 어렴풋이 보입니다. 창가의 나무 책상 위에 놓인 두툼한 양초에 불을 붙이고 진한 만델링 커피 한 잔을 끓입니다. 캄캄해지기 전 어스름한 숲 속에서 손바닥만 한 문고판 시집을 열고 혼자 읽던 소년 시절, 로버트 프로스트의 '눈 내리는 저녁 숲가에 서서'를 그때처럼 중얼거려 볼까요.

아니, 우선 음악입니다. 기타리스트 거장 랠프 타우너Ralph Towner가 70년대 초에 폴 윈터Paul Winter, 데이비드 달링David Darling과 함께 연주하고 노래한 「촛불의 침묵The Silence Of a Candle」(폴 윈터의 『이카루스Icarus』 중에서)이 그 정적을 재현하면서도 신비로운 비상이 곁들여져서 적합할 것입니다.

아니면 젊은 포크 싱어 데이브 테이트Dave Tate의 「저녁기도Evensong」(『여기의 고독The Solitude Of Here』)에서 들려오는 목가적인 바순 소리가 몸과 마음이 지친 늙은 소년의 기도를 대신해 줄 것입니다.

시간이 흘러갑니다. 소년은 중년에서 노년이 될 것이고, 촛불은 고요한 미동과 함께 겨울 저녁을 밝히다 소멸할 것입니다. 남는 것은 음악뿐인가. 아니면 다른 누군가가 이처럼 쓸쓸한 행복의 조제법을 재연할까요. 그를 위해 여기를 떠날 때 몇 가지 흔적을 남길 터입니다.

오래되고 멋진 양초 하나, 볶은 지 얼마 안 되어 향이 깊은 커피 한 잔, 그것과 함께 팔꿈치를 얹어 놓을 낡은 나무 책상, 그 음악의 곡명들, 그리고 조금은 추운 채로 남겨진 오래전 기억도 하나.

그 목록을 종이에 적어 창가에 올려 둘 터입니다. 촛불도 다 타고 음악도 끝나면 마음속에 남아 있는 한 소년이 되어 다시 숲길을 찾아 떠날 것입니다. 그곳에 지금도 숲이 남아 있는지, 아니면 회색빛 아파트 단지가 서 있는지도 모르지만.

이렇거나 저렇거나 인생은 여행일 뿐. 끝내 머물러 있는 것은 아무것도 없지 않은가요.

| 에필로그 |

영화, 그림, 책의 특징은 사각의 프레임 안에 텍스트가 담겨 있다는 것입니다. 원도 세모도 아닌 사각의 프레임은, 말하자면 동서남북, 세상을 바라보고 거기서 확장하는 네 가지 방향에 대한 잠재를 품고 있습니다.

어느 것이든 관찰자이자 사색자로서 그 사각의 프레임 안을 들여다보는 우리는 거기 비친 세상의 모습을 통해 자신의 잔영을 보게 됩니다. 그것이 이 사각의 프레임이 주는 반영의 함수 관계이며 미학입니다. 때로는 실제 삶의 체험보다 그 프레임을 통해 경험한 어떤 이미지, 이야기, 순간 그리고 감정이 더 또렷하고 강하게 삶을 건드리고 변화시킬 때가 있습니다. 그 영향은 특별한 경우를 제외하고는 대부분 우리를 성장시킵니다. 혹은 조금 더 생각해 보는 습관을 갖게 합니다. 그 프레임 안의 것과 밖의 것 사이의 괴리에 대해 우리는 아직 온전하게 해명하지 못합니다. 다만 그 모호함 속의 강렬한 섬광과 우울을 매혹할 뿐.

음악은 사각의 프레임을 통해 들여다보지 않는 '청각'의 경험입니다. 하지만 우리는 실제로 음악을 들으며 저 사각형의 프레임 안에 미치도록 펼쳐지곤 하는 어떤 빛과 그림자와 색깔의 작용을 상상합니다. 성난 말이 울타리를 뛰어넘어 벼랑을 향해 달리듯, 희열에 찼으나 이를 감추는 하인이 혼자만의 방에서 숨죽여 웃듯, 정인의 죽음 앞에 울지도 못하는 어이없음을 소리 없이 삼키는 여자가 신발도 못 신고 달려오느라 까매진 발바닥을 감추듯, 소리와 바람과 울림이 만드는 음악이라는 창 앞에서 역시 우리는 미약하지만 위대한 관찰자, 사색자가 되고 마는 것입니다.

스코틀랜드 가수 이소벨 캠벨이 부른 노래 「The Breeze Whispered Your Name」를 제목으로 빌려온 이 책은 음반 속에 들어갈 해설지로 쓴 것들과 이런저런 잡지에 연재한 것들의 일부분으로, 주관적인 편견으로 써 내려간 음악 산문들의 지루하고 소소한 묶음입니다.

이 책에서 세상을 살아가는 데 유용한 지식을 얻을 수 있을지는 의문입니다. 다만 저 이상하고도 늘 열정에 허기를 지게 하는 프레임처럼 이 소소한 산문 안을 들여다보는 동안, 이미 몇 배의 확장을 경험해 본 우리의 마음과 정신이 음악을 듣게 되길 바랍니다. 음악이 곁에 없어도 저 창을 지도 삼아 음악이 있을 것만 같은 곳을 향해 떠날 수 있기를 바랍니다. 그게 북유럽의 실개울 흘러가는 소리이든, 중앙아시아의 고원에서 부는 바람 소리이든, 어느 사원에서 흘러나오는 경 읽는 소리이든, 줄줄이 이어지는 이방의 낮고 좁은 골목길에서 코 흘리던 아이가 웅얼거리는 알 수 없는 콧노래이든, 젓가락 두드리며 한풀이하는 나그네 설움이든.

바람이 속삭이는 너의 이름을

2011년 11월 28일 초판 1쇄

지은이 강민석
사진 황수연
표지사진 이순영
편집 김지선
디자인 김진경
펴낸이 이순영
펴낸곳 도서출판 북극곰 ‖ **주소** 서울시 은평구 진관2로 57-37 239동 1001호
전화 02-359-5220 ‖ **팩스** 02-359-5221 ‖ **이메일** bookgoodcome@gmail.com
홈페이지 www.bookgoodcome.com ‖ **블로그** http://blog.naver.com/codathepolar
트위터 ID:codathepolar
ISBN 978-89-963093-6-9 03670 **값** 12,000원